I0477649

WIE MAN VERWALTEN UND WACHSEN SIE IHRE INVESTITIONEN

Ein umfassender Leitfaden und Strategien zum Vermögensaufbau und Portfoliomanagement

JACK L. SILVA

URHEBERRECHTE

INHALTSVERZEICHNIS

TEIL 1: INVESTITIONEN VERSTEHEN

EINFÜHRUNGEN

Willkommen zu **„Wie Sie Ihre Investitionen verwalten und steigern"** Hier lernen Sie die Grundlagen des Investment Managements kennen, die zum finanziellen Erfolg führen. Dieses Buch soll Ihnen helfen, die Grundlagen des Investierens zu verstehen, ein individuelles Portfolio zu erstellen, Risiken zu verwalten und fortgeschrittene Themen zu erkunden. Am Ende verfügen Sie über einen klaren Fahrplan, um Ihre finanziellen Ziele durch effektive Anlagestrategien zu erreichen.

WARUM INVESTMENTMANAGEMENT WICHTIG IST

Das Investmentmanagement spielt eine entscheidende Rolle bei der Schaffung von Wohlstand und der Gewährleistung einer stabilen finanziellen Zukunft. Mit dem richtigen Ansatz können Sie Ihr Vermögen vergrößern, passive Einkommensströme schaffen und sich auf wichtige Lebensereignisse wie den Ruhestand oder die Finanzierung Ihrer Ausbildung vorbereiten. Indem Sie lernen, wie Sie Investitionen verwalten, übernehmen Sie die Kontrolle über Ihr finanzielles Schicksal, minimieren Risiken und stellen sicher, dass Ihr Vermögen für Sie arbeitet.

Das Anlagemanagement hilft Ihnen, Marktvolatilität, Inflation und andere wirtschaftliche Herausforderungen zu meistern. Es bietet außerdem die Flexibilität, Ihr Vermögen zu diversifizieren, sich vor potenziellen Risiken zu schützen und neue Chancen zu nutzen, sobald sich diese ergeben. Letztendlich ist das Investmentmanagement der Schlüssel zur Erlangung finanzieller Freiheit und zur Schaffung eines Vermächtnisses für künftige Generationen.

Ich bringe umfassende Erfahrung im Bereich Investitionen mit, mit Erfahrung in der Finanzanalyse und im Portfoliomanagement. Im Laufe der Jahre habe ich Kunden mit unterschiedlichem Hintergrund dabei geholfen, ihre Investitionen zu erstellen, zu verwalten und zu steigern. Meine Erfahrung umfasst ein breites Spektrum an Anlageinstrumenten, Risikomanagementstrategien und Finanzplanung Techniken. Mit diesem Buch möchte ich mein Wissen und meine Perspektiven teilen und Ihnen praktische Ratschläge und umsetzbare Schritte zur effektiven Verwaltung und zum Wachstum Ihrer Investitionen geben.

Auf dieser Grundlage begeben wir uns auf eine Reise, um die verschiedenen Aspekte des Investment Managements zu erkunden, beginnend mit den Grundlagen und schrittweise zu fortgeschritteneren Themen. Dieses Buch vermittelt Ihnen das Wissen und die Werkzeuge, um unabhängig von Ihrem Erfahrungsstand fundierte Anlageentscheidungen zu treffen.

WICHTIGSTE LEKTIONEN

- Investitionen sind ein wesentlicher Bestandteil des finanziellen Erfolgs.
- Das Verständnis der Grundlagen des Investment Managements ist für langfristiges Wachstum von entscheidender Bedeutung.

☐ Das Buch behandelt Strategien zur Verwaltung und Steigerung von Investitionen.

Fragen

1. Warum ist Investmentmanagement wichtig für den finanziellen Erfolg?
2. Was können Sie von diesem Buch erwarten?

Antworten

1. Anlagemanagement ist wichtig, weil es Ihnen hilft, Ihr Vermögen im Laufe der Zeit zu vergrößern und finanzielle Ziele wie den Ruhestand oder den Kauf eines Eigenheims zu erreichen.
2. Dieses Buch behandelt grundlegende Anlagekonzepte, Strategien, Risikomanagement, Portfolioaufbau und fortgeschrittene Themen, die Ihnen bei der Verwaltung und dem Wachstum Ihrer Investitionen helfen.

2. GRUNDLAGEN DER INVESTITION

DEFINITIONEN SCHLÜSSELBEGRIFFE

Um die Grundlagen des Investierens zu verstehen, ist es wichtig, die wichtigsten Begriffe zu verstehen. Lassen Sie uns einige der gebräuchlichsten Begriffe in einfacher Sprache besprechen:

Aktien: *Eigentumsanteile an einem Unternehmen. Wenn Sie Aktien kaufen, besitzen Sie einen Teil des Unternehmens und Ihre Rendite hängt von der Wertentwicklung des Unternehmens ab. Aktien können Dividenden zahlen und im Laufe der Zeit an Wert gewinnen.*

Gefangenschaft: *Von Unternehmen oder Regierungen ausgegebene Schuldtitel. Wenn Sie eine Anleihe kaufen, leihen Sie dem Emittenten Geld im Austausch gegen Zinszahlungen und die Rückzahlung des Kapitals bei Fälligkeit.*

Investmentfonds: Investmentfonds, die Geld von mehreren Anlegern bündeln, um in ein diversifiziertes Portfolio aus Aktien, Anleihen oder anderen Wertpapieren zu investieren. Investmentfonds werden professionell verwaltet.

Exchange Traded Funds (ETFs): Ähnlich wie Investmentfonds werden aber auch Einzelaktien an Börsen gehandelt. ETFs bieten Anlegern Diversifizierung und Flexibilität.

Real Estate Investment Trusts (REITs): Unternehmen, die einkommen schaffende Immobilien besitzen, betreiben oder finanzieren. Mit REITs können Sie in Immobilien investieren, ohne physische Immobilien zu kaufen.

Arten von Investitionen: Aktien, Anleihen, Immobilien usw.

Anlegern stehen mehrere Anlagemöglichkeiten zur Verfügung, jede mit einzigartigen Eigenschaften, potenziellen Renditen und Risiken. **Hier ein Überblick über die wichtigsten Typen:**

Aktionen: Die Investition in Aktien bietet die Chance auf Kapitalzuwachs und Dividenden. Aktien können volatil sein und die Preise werden von Markttrends und der Unternehmensleitung beeinflusst.

Gefangenschaft: Anleihen gelten im Allgemeinen als risikoärmer als Aktien und bieten Stabilität und regelmäßige Zinszahlungen. Allerdings bieten sie möglicherweise niedrigere Renditen und reagieren empfindlich auf Änderungen der Zinssätze.

Investmentfonds: Sie bieten Diversifizierung und professionelles Management und eignen sich daher für Anleger, die das Risiko auf mehrere Vermögenswerte verteilen möchten. Die Preise können variieren und sich auf die Rendite auswirken.

ETF: ETFs bieten wie Investmentfonds eine Diversifizierung, sind jedoch tendenziell flexibler und haben niedrigere Gebühren. Sie können branchenspezifisch sein oder einen breiteren Anwendungsbereich haben.

Immobilie: Durch Investitionen in Immobilien können Mieteinnahmen und Immobilien Wertsteigerungen erzielt werden. Es erfordert mehr praktisches Management und kann im Vergleich zu anderen Investitionen höhere Einstiegskosten verursachen.

RISIKOPROFILE VERSCHIEDENER INVESTITIONEN

Unterschiedliche Anlagen bergen unterschiedliche Risikoniveaus, was sich auf die potenziellen Renditen und die Portfoliovolatilität auswirkt. Nachfolgend finden Sie eine Aufschlüsselung der Risikoprofile für jede Anlageart:

Aktien: Aufgrund der Marktvolatilität und unternehmensspezifischer Faktoren wird es im Allgemeinen als hohes Risiko angesehen. Sie können hohe Renditen erwirtschaften, sind jedoch anfällig für erhebliche Schwankungen.

Gefangenschaft: Sie sind im Allgemeinen risikoärmer als Aktien und bieten durch Zinszahlungen stabile Renditen. Allerdings können sie immer noch mit Kredit-, Zins- und Inflationsrisiken verbunden sein.

Investmentfonds: Die Höhe des Risikos hängt von der Anlagestrategie und Diversifikation des Fonds ab. Einige konzentrieren sich auf risikoreiche Aktien, während andere möglicherweise in stabilere Vermögenswerte wie Anleihen investieren.

ETF: Wie bei Investmentfonds variiert das Risikoprofil je nach den zugrunde liegenden Vermögenswerten. Breit angelegte ETFs sind tendenziell weniger riskant, während sektorspezifische ETFs ein höheres Risiko bergen können.

Immobilie: Das Risiko bei Immobilien variiert je nach Faktoren wie Standort, Immobilienart und Marktbedingungen. Während Immobilien stabile Renditen bieten können, unterliegen sie wirtschaftlichen Abschwungs und immobilienspezifischen Risiken.

WICHTIGSTE LEKTIONEN

☐ Es gibt verschiedene Arten von Investitionen mit unterschiedlichen Risikoprofilen.

☐ Um fundierte Entscheidungen treffen zu können, ist es wichtig, die wichtigsten Anlagebedingungen zu verstehen.

☐ Diversifikation hilft, das Risiko in einem Portfolio zu reduzieren.

Fragen

1. Was sind die wichtigsten Anlagearten und wie unterscheiden sie sich?

2. Was ist Diversifikation und warum ist sie wichtig?

Antworten

1. Die wichtigsten Anlagearten sind Aktien (Aktien), Anleihen, Immobilien und andere Alternativen. Sie unterscheiden sich hinsichtlich Risiko und Renditepotenzial. Bei Aktien besteht ein hohes Risiko bei höherer Rendite, bei Anleihen ein geringeres Risiko bei geringerer Rendite und Immobilien bieten einen langfristigen Wert.

2. Bei der Diversifizierung werden Investitionen auf verschiedene Anlageklassen verteilt, um das Risiko zu reduzieren. Es trägt dazu bei, dass Verluste in einem Bereich durch Gewinne in einem anderen ausgeglichen werden können.

3. INVESTITIONSSTRATEGIE

WICHTIG: EINE STRATEGIE ZU HABEN

Eine klar definierte Anlagestrategie ist für den Erfolg und das Risikomanagement von entscheidender Bedeutung. Ohne einen strukturierten Ansatz können Anleger auf der Grundlage von Markttrends oder emotionalen Reaktionen impulsive Entscheidungen treffen, die zu suboptimalen Ergebnissen führen. Deshalb ist eine Strategie entscheidend:

Konsistenz: *Eine Strategie bietet einen kohärenten Rahmen für Investitionsentscheidungen und verringert so die Wahrscheinlichkeit unberechenbarer Entscheidungen.*

Risikomanagement: *Es hilft Ihnen, Risiken effektiv zu erkennen und zu verwalten, sodass Sie potenzielle Renditen mit akzeptablen Risiko Niveaus in Einklang bringen können.*

Zielorientierung: Eine strukturierte Strategie passt sich Ihren finanziellen Zielen an und stellt sicher, dass jede Investitionsentscheidung einen Sinn hat.

Anpassungsfähigkeit: Eine gute Strategie kann sich an veränderte Marktbedingungen und persönliche Umstände anpassen und ermöglicht so Flexibilität, ohne auf Stabilität zu verzichten.

FINANZIELLE ZIELE FESTLEGEN

Die Festlegung klarer finanzieller Ziele ist der Grundstein einer erfolgreichen Anlagestrategie. Es hilft Ihnen, sich auf das zu konzentrieren, was Sie erreichen möchten, und bietet Ihnen einen Fahrplan für Ihre Investitionsreise. Hier ist ein Leitfaden zum Festlegen effektiver finanzieller Ziele:

Kurzfristige Ziele: Dies sind Ziele, die Sie in ein paar Jahren erreichen möchten, beispielsweise den Kauf eines Autos, die Finanzierung Ihrer Ausbildung oder das Sparen für eine Anzahlung für ein Haus. Kurzfristige

Ziele erfordern typischerweise risikoärmere Anlagen mit stabilen Renditen.

Langzeitziele: Diese Ziele haben einen längeren Zeithorizont, beispielsweise die Altersvorsorge oder die Schaffung von Wohlstand über Generationen hinweg. Langfristige Ziele können risikoreichere Investitionen mit größerem Wachstumspotenzial ermöglichen.

SMART-Kriterien: Machen Sie Ihre Ziele spezifisch, messbar, erreichbar, relevant und zeitgebunden, um Klarheit und Nachvollziehbarkeit zu gewährleisten.

Identifizierung von Anlagestilen: Wachstum, Wert, Umsatz usw.
Anlagestile stellen unterschiedliche Analyseansätze dar, jeder mit einzigartigen Vorteilen und Risiken. Wenn Sie diese Stile verstehen, können Sie einen Ansatz wählen, der Ihren Zielen und Ihrer Risikotoleranz entspricht:

Wachstumsinvestition: Dieser Stil konzentriert sich auf Unternehmen mit hohem Wachstumspotenzial, häufig in aufstrebenden Branchen. Wachstumsaktien können zwar beträchtliche Renditen erwirtschaften, können aber auch volatiler sein

.

Value-Investing: Dieser Stil zielt auf unterbewertete Aktien mit starken Fundamentaldaten ab. Value-Investoren suchen nach Unternehmen, die unter ihrem inneren Wert notieren, mit dem Ziel einer langfristigen Wertsteigerung.

Einkommen Investition: Einkommensinvestoren legen Wert auf regelmäßige Erträge durch Dividenden oder Zinszahlungen. Dieser Stil ist bei Rentnern oder solchen, die auf der Suche nach einem stabilen Cashflow sind, weit verbreitet.

Ausgewogene Investition: Ausgewogenes Investieren, eine Kombination aus Wachstums-, Substanz- und Ertrag Stilen, bietet Diversifizierung und kann auf die individuelle Risikotoleranz zugeschnitten werden.

ERSTELLEN SIE EINEN PERSÖNLICHEN INVESTITIONSPLAN

Ein personalisierter Investitionsplan ist unerlässlich, um finanzielle Ziele zu erreichen und gleichzeitig das Risiko zu kontrollieren. Hier finden Sie eine Schritt-für-Schritt-Anleitung zur Erstellung Ihres Plans:

1. Bewerten Sie Ihre finanzielle Situation: Bewerten Sie Ihren aktuellen Finanzstatus, einschließlich Einnahmen, Ausgaben, Schulden und bestehender Investitionen.

2. Definieren Sie Ihre finanziellen Ziele: Legen Sie basierend auf den oben genannten Leitlinien konkrete kurz- und langfristige Ziele fest.

3. Bestimmen Sie Ihre Risikotoleranz: Verstehen Sie, mit welchem Risiko Sie sich aufgrund Ihrer finanziellen Situation und Ihrer Ziele wohl fühlen.

4. Wählen Sie Ihren Anlagestil: Entscheiden Sie, welche Anlagestile zu Ihren Zielen und Ihrer Risikotoleranz passen.

5. Erstellen Sie ein diversifiziertes Portfolio: Erstellen Sie ein diversifiziertes Portfolio mit einer Mischung aus Vermögenswerten, die zu Ihrem Anlagestil passen.

6. Legen Sie Anlagerichtlinien fest: Definieren Sie Regeln, um Ihr Portfolio im Laufe der Zeit neu auszubalancieren, zu überprüfen und anzupassen.

7. Überwachen und anpassen: Überprüfen Sie regelmäßig die Leistung Ihres Portfolios und passen Sie es bei Bedarf an, um Ihre finanziellen Ziele im Auge zu behalten.

Wenn Sie diese Schritte befolgen, können Sie einen personalisierten Investitionsplan erstellen, der zum finanziellen Erfolg führt und gleichzeitig Risiken effektiv verwaltet.

WICHTIGSTE LEKTIONEN

- Eine klare Anlagestrategie ist entscheidend für den Erfolg.
- Das Festlegen finanzieller Ziele hilft Ihnen bei der Orientierung Ihrer Anlagestrategie.
- Unterschiedliche Anlagestile passen zu unterschiedlichen Zielen und Risikotoleranzen.

Fragen

1. Warum ist eine klare Anlagestrategie wichtig?
2. Was sind einige gängige Anlagestile?

Antworten

1. Eine klare Anlagestrategie bietet einen Fahrplan zum Erreichen Ihrer finanziellen Ziele und hilft Ihnen,

konzentriert zu bleiben und emotionale Entscheidungen bei Marktschwankungen zu vermeiden.

2. Zu den gängigen Anlage Stilen gehören Wachstumsinvestitionen, die sich auf Aktien mit hohem Potenzial konzentrieren, Value-Investitionen, bei denen nach unterbewerteten Aktien gesucht wird, und Ertrag Investitionen, die auf Vermögenswerte mit Dividendenausschüttung abzielen.

4. RISIKOMANAGEMENT

ANLAGERISIKEN VERSTEHEN

Anlagerisiken treten in vielen Formen auf und können die Wertentwicklung Ihres Portfolios erheblich beeinträchtigen. Für ein effektives Risikomanagement ist es wichtig, die häufigsten Arten von Anlagerisiken zu verstehen:

Marktrisiko: *Das Verlustrisiko aufgrund von Marktschwankungen. Aktien und andere Wertpapiere werden von wirtschaftlichen Trends, Unternehmensgewinnen und der Anlegerstimmung beeinflusst, was zu Volatilität führt.*

Inflationsrisiko: *Das Risiko, dass eine steigende Inflation die Kaufkraft Ihrer Renditen untergräbt. Festverzinsliche Anlagen wie Anleihen sind besonders anfällig für Inflationsrisiken.*

Zinsrisiko: *Das Risiko, dass Änderungen der Zinssätze den Wert von Anlagen beeinflussen. Wenn die Zinsen* steigen, sinken in der Regel die Anleihekurse, was sich auf Portfolios mit großen Anleihenbeständen auswirkt.

Kreditrisiko: Das Ausfallrisiko, wenn ein Anleiheemittent seinen Zahlungsverpflichtungen nicht nachkommt. Dieses Risiko tritt häufiger bei Anleihen mit niedrigerem Rating oder hochverzinslichen Wertpapieren auf.

Liquiditätsrisiko: Das Risiko, eine Investition nicht schnell und ohne wesentliche Preisänderungen verkaufen zu können. Illiquide Vermögenswerte wie Immobilien können Liquiditätsrisiken bergen.

Wechselkursrisiko: Das Risiko von Verlusten aufgrund von Währungsschwankungen bei internationalen Anlagen. Wechselkursänderungen können sich auf die Rendite ausländischer Vermögenswerte auswirken.

DIVERSIFIKATIONSSTRATEGIEN

Diversifizierung ist eine wichtige Risikomanagementstrategie, bei der Sie Ihre Investitionen auf verschiedene Anlageklassen und Branchen verteilen, um das Gesamtrisiko zu reduzieren.

Hier erfahren Sie, warum Diversifizierung wichtig ist und einige wirksame Strategien, um dies zu erreichen:

Warum Diversifikation wichtig ist: Diversifizierung trägt dazu bei, die Auswirkungen eines Abschwungs in einem bestimmten Sektor oder einer bestimmten Anlageklasse abzumildern. Durch ein gut diversifiziertes Portfolio reduzieren Sie das Risiko erheblicher Verluste bei jeder Anlage.

Diversifizieren Sie nach Anlageklassen: Nehmen Sie eine Mischung aus Aktien, Anleihen, Immobilien und anderen Vermögenswerten in Ihr Portfolio auf, um das Risiko auf verschiedene Anlagearten zu verteilen.

Diversifizierung nach Branche: Investieren Sie innerhalb jeder Anlageklasse in unterschiedliche Branchen, um Konzentrationsrisiken zu vermeiden. Investieren Sie beispielsweise in Technologie-, Gesundheits- und Konsumgüter Aktien, um ein ausgewogenes Portfolio zu schaffen.

Geografische Diversifizierung: Investieren Sie in nationale und internationale Märkte, um die

Auswirkungen regionaler Wirtschaftsschwankungen zu reduzieren. Diese Strategie trägt dazu bei, länderspezifische Risiken zu mindern.

Diversifizieren Sie nach Anlagestil: Integrieren Sie Wachstums-, Wert- und Ertrag-Investitionen für einen ausgewogenen Ansatz, der Ihren Zielen und Ihrer Risikotoleranz entspricht.

ABDECKUNG TECHNIKEN

Bei der Absicherung werden Finanzinstrumente eingesetzt, um potenzielle Verluste in Ihrem Portfolio auszugleichen. Eine Absicherung ist zwar keine Garantie gegen Verluste, kann aber zur Risikobewältigung beitragen. Nachfolgend finden Sie einige grundlegende Sicherungstechniken:

Optionen: Verträge, die Ihnen das Recht geben, innerhalb eines bestimmten Zeitraums einen Vermögenswert zu einem vorher festgelegten Preis zu kaufen oder zu verkaufen. Mit Optionen können Sie sich vor potenziellen Verlusten bei Aktien oder anderen Vermögenswerten schützen.

Derivate: Finanzinstrumente, die von zugrunde liegenden Vermögenswerten abgeleitet sind, wie z. B. Terminkontrakte. Derivate können zum Schutz vor Marktschwankungen oder Änderungen der Rohstoffpreise eingesetzt werden.

Inverse ETFs: Börsengehandelte Fonds, die sich gegenläufig zu bestimmten Marktindizes entwickeln. Sie können als Absicherung bei Markt-Rückgängen dienen.

Gold und Edelmetalle: Investments in Gold oder andere Edelmetalle können eine Absicherung gegen Inflation und wirtschaftliche Unsicherheit bieten.

GLEICHGEWICHT VON RISIKO UND ERTRAG IN EINEM PORTFOLIO

Um ein stabiles und diversifiziertes Portfolio zu erreichen, ist ein ausgewogenes Verhältnis von Risiko und Ertrag erforderlich. So finden Sie die richtige Balance:

Bewerten Sie die Risikotoleranz: Verstehen Sie Ihre Risikotoleranz, basierend auf Ihrer finanziellen Situation und Ihren Anlagezielen. Eine geringere Risikotoleranz erfordert möglicherweise ein konservatives Portfolio.

Anlageklassen-Mix: Erstellen Sie ein Portfolio, das eine Mischung aus Vermögenswerten mit höherem und geringerem Risiko enthält. Aktien bieten Wachstumspotenzial, während Anleihen und andere festverzinsliche Wertpapiere für Stabilität sorgen.

Regelmäßige Neuausrichtung: Balancieren Sie Ihr Portfolio regelmäßig neu, um die gewünschte Vermögensallokation beizubehalten. Dies trägt dazu bei, Risiko und Ertrag unter Kontrolle zu halten.

Konzentrieren Sie sich auf langfristige Ziele: Vermeiden Sie es, Anlageentscheidungen auf der Grundlage kurzfristiger Markttrends zu treffen. Wenn Sie Ihre langfristigen Ziele im Auge behalten, bleiben Sie auch bei Marktvolatilität konzentriert.

Kontinuierliche Überwachung: Überwachen Sie regelmäßig die Leistung Ihres Portfolios und nehmen Sie bei Bedarf Anpassungen vor, um sicherzustellen, dass es mit Ihrer Anlagestrategie und Risikotoleranz übereinstimmt.

Durch die Umsetzung dieser Risikomanagementstrategien können Sie ein widerstandsfähiges Portfolio erstellen, das den Risiken standhält, Marktschwankungen abwehren und langfristige Anlage Erfolge erzielen.

WICHTIGSTE LEKTIONEN

- ☐ Es ist wichtig, die mit Investitionen verbundenen Risiken zu verstehen.
- ☐ Diversifizierung und Absicherung sind wichtige Risikomanagementstrategien.
- ☐ Für ein erfolgreiches Portfolio ist das Gleichgewicht zwischen Risiko und Ertrag von entscheidender Bedeutung.

Fragen

1. Welche allgemeinen Risiken sind mit Investitionen verbunden?
2. Wie hilft Diversifikation beim Risikomanagement?

Antworten

1. Zu den allgemeinen Risiken zählen das Marktrisiko, das Kreditrisiko, das Zinsrisiko und das Inflationsrisiko. Diese können den Wert von Investitionen und mögliche Renditen beeinträchtigen.

2. Diversifikation reduziert das Risiko, indem Investitionen auf mehrere Anlageklassen und Branchen verteilt werden, wodurch die Auswirkungen eines einzelnen Verlustes auf das Gesamtportfolio verringert werden.

5. INVESTITIONEN FAHRZEUGE

Anlagevehikel sind Instrumente, mit denen in verschiedene Vermögenswerte investiert wird. Im Folgenden stellen wir eine Zusammenfassung einiger der häufigsten zusammen mit ihren Merkmalen und Vorteilen vor:

Aktien: Aktien stellen Eigentumsanteile an einem Unternehmen dar. Sie bieten Potenzial für Kapitalzuwachs und Dividenden und bieten die Möglichkeit, erhebliche Renditen zu erzielen. Aktien können volatil sein und die Preise werden von Markttrends und der Unternehmensleitung beeinflusst. Sie eignen sich für Anleger, die langfristiges Wachstum anstreben und bereit sind, ein gewisses Risiko einzugehen.

Gefangenschaft: Anleihen sind Schuldtitel, die von Unternehmen, Kommunen oder Regierungen ausgegeben werden. Wenn Sie eine Anleihe kaufen, leihen Sie dem Emittenten Geld im Austausch gegen Zinszahlungen und die Rückzahlung des Kapitals bei Fälligkeit. Anleihen gelten im Allgemeinen als risikoärmer als Aktien und bieten stabile Renditen, haben jedoch möglicherweise ein geringes Wachstumspotenzial.

Investmentfonds: Investmentfonds bündeln das Geld mehrerer Anleger, um es in ein diversifiziertes Portfolio aus Aktien, Anleihen oder anderen Wertpapieren zu investieren. Sie werden von professionellen Fondsmanagern verwaltet, die im Namen der Anleger Anlageentscheidungen treffen. Investmentfonds bieten Diversifizierung und Komfort und eignen sich daher für Anleger, die einen unkomplizierten Ansatz bevorzugen. Sie sind jedoch häufig mit Verwaltungsgebühren verbunden.

Exchange Traded Funds (ETFs): ETFs ähneln Investmentfonds, werden aber wie einzelne Aktien an Börsen gehandelt. Sie bieten Diversifizierung und Flexibilität und ermöglichen es Anlegern, den ganzen Handelstag über Aktien zu kaufen und zu verkaufen. ETFs haben in der Regel niedrigere Gebühren als

Investmentfonds und können bestimmte Indizes, Sektoren oder Anlageklassen abbilden.

IMMOBILIEN UND ANDERE ALTERNATIVEN

Neben traditionellen Anlageinstrumenten wie Aktien und Anleihen können alternative Anlagen ein Portfolio ergänzen, indem sie für zusätzliche Diversifizierung und potenzielle Einnahmequellen sorgen. Hier ein Blick auf einige beliebte alternative Anlagen:

Immobilie: Durch Investitionen in Immobilien können Mieteinnahmen und Immobilien Wertsteigerungen erzielt werden. Immobilieninvestitionen reichen von Wohnimmobilien über Gewerbeimmobilien bis hin zu Real Estate Investment Trusts (REITs). Immobilien können eine stabile Einnahmequelle sein, erfordern jedoch oft eine praktische Verwaltung und bergen Risiken im Zusammenhang mit Immobilienwerten und Marktschwankungen.

Basisprodukte: Rohstoffe sind physische Vermögenswerte wie Gold, Silber, Öl und Agrarprodukte. Investitionen in Rohstoffe können eine Absicherung gegen Inflation bieten und ein Portfolio diversifizieren. Allerdings können

Rohstoffpreise volatil sein und von Angebot und Nachfrage, geopolitischen Ereignissen und anderen Faktoren beeinflusst werden.

Private Equity und Hedgefonds: *Bei diesen Investitionen wird das Geld mehrerer Anleger gebündelt, um in private Unternehmen zu investieren oder sich vor Marktrisiken zu schützen. Sie bieten hohe Renditen, erfordern jedoch oft viel Kapital und unterliegen weniger Regulierung, was sie riskanter macht.*

DIE RICHTIGEN INVESTITIONS VIELE FÄLLE AUSWÄHLEN

Die Auswahl der besten Anlageinstrumente hängt von den individuellen Zielen, der Risikotoleranz und dem Anlagehorizont ab. **Hier einige Tipps zur Auswahl der richtigen Fahrzeuge für Ihr Portfolio:**

Identifizieren Sie Ihre Anlageziele: *Bestimmen Sie, ob Ihr Ziel darin besteht, langfristiges Wachstum, Umsatz oder eine Kombination aus beidem zu erzielen. Dies hilft Ihnen bei der Auswahl der richtigen Anlageinstrumente.*

Bewerten Sie Ihre Risikotoleranz: Verstehen Sie, wie komfortabel Sie mit Risiken umgehen können. Wenn Sie Stabilität bevorzugen, ziehen Sie einkommensorientierte Anleihen oder Investmentfonds in Betracht. Wenn Sie bereit sind, für höhere Renditen mehr Risiko einzugehen, könnten wachstumsorientierte Aktien oder ETFs eine gute Wahl sein.

Berücksichtigen Sie Ihren Anlagehorizont: Der Zeitaufwand, den Sie investieren möchten, wirkt sich auf die Wahl Ihres Fahrzeugs aus. Entscheiden Sie sich für kurzfristige Ziele für risikoärmere Optionen wie Anleihen. Bei langfristigen Zielen können Aktien und andere risikoreichere Instrumente erhebliche Renditen bieten.

Diversifizieren Sie Ihr Portfolio: Legen Sie nicht alle Ihre Investitionen in ein einziges Vehikel oder eine einzige Anlageklasse. Streben Sie ein diversifiziertes Portfolio mit einer Mischung aus Aktien, Anleihen und anderen Alternativen an.

Bitte beachten Sie die Gebühren und Auslagen: Beachten Sie die mit Investmentfonds und ETFs verbundenen

Gebühren. Hohe Gebühren können Ihre Rendite im Laufe der Zeit schmälern. Suchen Sie nach profitablen Optionen, die eine gute Diversifizierung bieten.

Überprüfen und passen Sie regelmäßig Folgendes an: Wenn sich Ihre finanzielle Situation und Ihre Ziele ändern, überprüfen Sie Ihre Anlageinstrumente, um sicherzustellen, dass sie Ihren Zielen entsprechen.

Durch die Berücksichtigung dieser Faktoren können Sie die richtigen Anlageinstrumente auswählen, die Ihren Zielen entsprechen und Ihnen beim Aufbau eines diversifizierten und ausgewogenen Portfolios helfen.

WICHTIGSTE LEKTIONEN

- ☐ Verschiedene Anlageinstrumente bieten unterschiedliche Vorteile und Risiken.
- ☐ Wenn Sie diese Fahrzeuge verstehen, können Sie das richtige für Ihr Portfolio auswählen.
- ☐ Immobilien und andere Alternativen können ein Portfolio diversifizieren.

Fragen

1. Was sind die wichtigsten Anlageinstrumente und was unterscheidet sie?

2. Welche Vorteile bietet die Aufnahme von Immobilien in ein Portfolio?

Antworten

1. Die wichtigsten Anlageinstrumente sind Aktien, Anleihen, Investmentfonds, ETFs und Immobilien. Aktien repräsentieren das Eigentum an einem Unternehmen, während Anleihen Schuldtitel sind. Investmentfonds und ETFs bündeln mehrere Vermögenswerte, um die Diversifizierung zu erleichtern.

2. Immobilien können stabile Renditen bieten, vor Inflation schützen und ein Portfolio diversifizieren. Es kann im Laufe der Zeit auch Mieteinnahmen und Kapitalzuwachs bieten.

6. PORTFOLIO-AUFBAU

AUFBAU EINES DIVERSIFIZIERTEN PORTFOLIOS

Diversifizierung ist ein grundlegendes Prinzip beim Portfolioaufbau und trägt dazu bei, das Risiko zu reduzieren und das Potenzial für konstante Renditen zu verbessern. Hier finden Sie eine Anleitung zum Aufbau eines diversifizierten Portfolios mit verschiedenen Anlageklassen:

1. Identifizieren Sie Ihre Anlageklassen: *Ein diversifiziertes Portfolio umfasst typischerweise eine Mischung verschiedener Anlageklassen wie Aktien, Anleihen, Immobilien und Bargeld. Erwägen Sie die Einbeziehung anderer Alternativen wie Rohstoffe oder REITs für eine zusätzliche Diversifizierung.*

2. Diversifizieren Sie innerhalb der Anlageklassen: *Diversifizieren Sie innerhalb jeder Anlageklasse über Branchen und Sektoren hinweg. Berücksichtigen Sie die Aktien, Technologie, Gesundheitswesen, Konsumgüter und Energie. Wählen Sie bei Anleihen einen Mix aus Staats- und Unternehmensanleihen mit unterschiedlichen Laufzeiten und Bonitäten.*

3. Beziehen Sie internationale Investitionen ein: Geografische Diversifizierung kann zur Risikominderung beitragen. Investieren Sie in internationale Aktien und Anleihen, um das Risiko auf verschiedene Regionen und Volkswirtschaften zu verteilen.

4. Berücksichtigen Sie Anlagestile: Kombinieren Sie Investitionen, die auf Wachstum, Wert und Ertrag ausgerichtet sind, um Risiko und Ertrag auszugleichen. Dieser Ansatz ermöglicht es Ihnen, Wachstumspotenzial zu nutzen und gleichzeitig eine stabile Einnahmequelle aufrechtzuerhalten.

5. Balance zwischen risikoreichen und risikoarmen Vermögenswerten: Bestimmen Sie Ihre Risikotoleranz und gleichen Sie risikoreiche Vermögenswerte wie Aktien mit risikoärmeren Vermögenswerten wie Anleihen aus. Dies trägt zur Bewältigung der Portfoliovolatilität bei und sorgt für Stabilität bei Marktrückgängen.

6. Nutzen Sie eine Mischung aus aktiven und passiven Investitionen: Beziehen Sie aktiv verwaltete Fonds für eine potenzielle Outperformance und passive Anlagen wie Indexfonds für eine profitable Diversifizierung ein.

7. Regelmäßig überwachen und anpassen: Überprüfen Sie regelmäßig die Leistung Ihres Portfolios und nehmen Sie bei Bedarf Anpassungen vor, um die Diversifizierung aufrechtzuerhalten und mit Ihrer Anlagestrategie übereinstimmen.

VERMÖGENSALLOKATION UND REBALANCING

Unter Vermögensallokation versteht man die Art und Weise, wie Sie Ihre Investitionen auf verschiedene Anlageklassen verteilen. Beim Rebalancing handelt es sich um den Prozess der Anpassung Ihrer Vermögensallokation, um das gewünschte Risiko-Ertrags-Verhältnis aufrechtzuerhalten. Hier erfahren Sie, warum diese Konzepte wichtig sind und wie Sie sie umsetzen:

Bedeutung der Vermögensallokation: Die Vermögensallokation bestimmt das Gesamtrisiko-Niveau und die erwartete Rendite Ihres Portfolios. Eine gut durchdachte Allokationsstrategie gleicht Risiko und Ertrag basierend auf Ihren Zielen und Ihrer

Risikotoleranz aus. Es trägt auch dazu bei, die Auswirkungen von Marktschwankungen zu minimieren.

Legen Sie Ihre Vermögensallokation fest: Bestimmen Sie den Anteil Ihres Portfolios, den Sie jeder Anlageklasse zuordnen möchten, basierend auf Ihren Anlagezielen und Ihrer Risikotoleranz. Beispielsweise könnte ein konservativer Anleger mehr in Anleihen investieren, während sich ein wachstumsorientierter Anleger möglicherweise auf Aktien konzentriert.

Regelmäßige Neuausrichtung: Im Laufe der Zeit können Marktschwankungen Ihre Vermögensallokation verändern und zu einem Ungleichgewicht führen. Bei der Neuausrichtung werden überdurchschnittliche Vermögenswerte verkauft und in leistungsschwache Vermögenswerte reinvestiert, um Ihre ursprüngliche Vermögensallokation wiederherzustellen. Dieser Prozess stellt sicher, dass Ihr Portfolio Ihrer Risikotoleranz und Anlagestrategie entspricht.

Häufigkeit der Neuausrichtung: Passen Sie Ihr Portfolio regelmäßig an, etwa jährlich oder halbjährlich, um die gewünschte Vermögensaufteilung beizubehalten. Eine zu häufige Neuausrichtung kann zu überhöhten Handelskosten führen, während eine seltene Neuausrichtung zu einem unausgeglichenen Portfolio führen kann.

VERWENDUNG VON INDEXFONDS UND ETFS ZUR VEREINFACHTEN DIVERSIFIZIERUNG

Indexfonds und Exchange Traded Funds (ETFs) sind beliebte Anlageinstrumente, um eine breite Diversifizierung zu erreichen und Kosten zu senken. So können sie zur Vereinfachung der Diversifizierung eingesetzt werden:

Vorteile von Indexfonds und ETFs: Indexfonds und ETFs bilden spezifische Marktindizes ab und bieten ein breites Engagement in verschiedenen Anlageklassen und Sektoren. Sie bieten niedrige Kostenquoten und sind damit profitable Optionen zur Diversifizierung.

Vereinfachte Diversifizierung: Mit Indexfonds und ETFs können Sie Ihr Portfolio diversifizieren, ohne einzelne Aktien oder Anleihen auswählen zu müssen. Wenn Sie beispielsweise in einen S&P 500-Indexfonds investieren, haben Sie Zugang zu 500 großen US-Aktien, während ein Rentenindexfonds eine vielfältige Mischung aus Staats- und Unternehmensanleihen bietet.

Einsatz von ETFs zur Branchendiversifizierung: Mit ETFs können Sie ein Engagement in bestimmten Sektoren oder Themen aufbauen und so innerhalb der Anlageklassen diversifizieren. Zur Branchendiversifizierung können Sie beispielsweise in Technologie-, Gesundheits- oder Energie-ETFs investieren.

Mit Indexfonds Kosten senken: Indexfonds haben im Allgemeinen niedrigere Verwaltungsgebühren als aktiv verwaltete Fonds. Dieser Kostenvorteil ermöglicht es Ihnen, mehr Geld zu investieren und im Laufe der Zeit möglicherweise höhere Renditen zu erzielen.

Kombination aus Indexfonds und ETFs: Ein Portfolio, das Indexfonds und ETFs kombiniert, kann eine breite Diversifizierung bei geringeren Kosten erreichen. Erwägen Sie die Verwendung von Indexfonds für ein breites Marktengagement und ETFs für thematische oder branchenspezifische Investitionen.

Durch den Einsatz dieser Strategien können Sie ein gut diversifiziertes Portfolio aufbauen, eine ausgewogene Vermögensallokation aufrechterhalten und den Neuausrichtungs-Prozess durch Indexfonds und ETFs vereinfachen. Dieser Ansatz hilft beim Risikomanagement und legt den Grundstein für einen langfristigen Anlageerfolg.

WICHTIGSTE LEKTIONEN

- ☐ Um das Risiko zu reduzieren, ist die Schaffung eines diversifizierten Portfolios unerlässlich.
- ☐ Vermögensallokation und Neuausrichtung sind Schlüsselelemente beim Aufbau eines Portfolios.
- ☐ Indexfonds und ETFs bieten eine vereinfachte Diversifikation.

Fragen

1. Was sind die Schritte zum Aufbau eines diversifizierten Portfolios?

2. Wie trägt eine Neuausrichtung dazu bei, ein ausgewogenes Portfolio aufrechtzuerhalten?

Antworten

1. Um ein diversifiziertes Portfolio zu erstellen, bestimmen Sie zunächst Ihre Risikotoleranz, wählen Sie eine Mischung aus Anlageinstrumenten, verteilen Sie Vermögenswerte auf verschiedene Klassen und diversifizieren Sie innerhalb jeder Klasse (z. B. verschiedene Branchen für Aktien).

2. Bei der Neuausrichtung müssen Sie die Vermögensallokation Ihres Portfolios anpassen, um das gewünschte Gleichgewicht aufrechtzuerhalten. Dabei werden in der Regel Vermögenswerte verkauft, die zu groß geworden sind und in Anlagen mit schlechterer Wertentwicklung reinvestiert werden.

7. INVESTITIONSANALYSE

GRUNDLAGENANALYSE: JAHRESABSCHLÜSSE, VERHÄLTNISSE UND KENNZAHLEN

Bei der Fundamentalanalyse geht es darum, den inneren Wert einer Investition zu bewerten, indem Finanzberichte, Kennzahlen und andere Kennzahlen untersucht werden. Diese Methode wird häufig zur Bewertung von Aktien verwendet, kann aber auch auf andere Vermögenswerte wie Anleihen angewendet werden. Hier finden Sie eine Einführung in die Fundamentalanalyse und die zu berücksichtigenden Schlüsselkomponenten:

JAHRESABSCHLUSS

Gewinn- und Verlustrechnung: Zeigt die Einnahmen, Ausgaben und Gewinne eines Unternehmens während eines bestimmten Zeitraums an. Hilfe bei der Ermittlung von Rentabilitäts- und Wachstumstrends.

Bilanz: Es beschreibt die Vermögenswerte, Verbindlichkeiten und das Eigenkapital eines

Unternehmens. Bietet Informationen zur finanziellen Gesundheit und Kapitalstruktur.

Geldflussrechnung: Es beschreibt Mittelzu- und -abflüsse und gibt Aufschluss über die Fähigkeit eines Unternehmens, Bargeld zu generieren und Geschäftstätigkeiten zu finanzieren.

WICHTIGSTE BEZIEHUNGEN UND METRIKEN

Kurs-Gewinn-Verhältnis (KGV): Vergleichen Sie den Aktienkurs eines Unternehmens mit seinem Gewinn pro Aktie. Ein hoher KGV könnte auf eine Überbewertung hinweisen, während ein niedriger KGV auf eine Unterbewertung hinweisen könnte.

Kurs-Buchwert-Verhältnis (KGV): Vergleicht den Aktienkurs eines Unternehmens mit seinem Buchwert (Vermögenswerte minus Verbindlichkeiten). Es hilft bei der Beurteilung, ob eine Aktie mit einem Auf- oder Abschlag gehandelt wird.

Eigenkapitalrendite (ROE): Misst die Rentabilität eines Unternehmens im Verhältnis zum Eigenkapital. Ein höherer ROE weist auf einen effizienten Einsatz des Eigenkapitals hin.

Schuldenquote: Bewertet die Verschuldung eines Unternehmens durch Vergleich der Gesamtverschuldung mit dem Eigenkapital. Eine hohe Quote weist auf eine hohe Hebelwirkung hin, die das Risiko erhöhen kann.

Gewinn je Aktie (EPS): Gibt die Rentabilität eines Unternehmens pro Aktie an. Steigende Gewinne je Aktie deuten auf steigende Gewinne hin.

QUALITATIVE FAKTOREN

Berücksichtigen Sie neben der numerischen Analyse auch qualitative Faktoren wie Managementqualität, Wettbewerbsvorteile und Branchentrends. Diese Elemente können die langfristigen Aussichten eines Unternehmens beeinflussen.

TECHNISCHE ANALYSE: GRAFIKEN UND INDIKATOREN

Die technische Analyse untersucht Preisbewegungen, Handelsvolumen und Diagramm Muster, um zukünftige Preistrends vorherzusagen. Es wird häufig von Händlern genutzt, um kurzfristige Anlageentscheidungen zu treffen. Hier finden Sie eine Einführung in die technische Analyse und einige Schlüsselkonzepte:

ARTEN VON GRAFIK

Liniendiagramme: Einfache Diagramme, die Schlusskurse über einen bestimmten Zeitraum hinweg verbinden. Sie geben einen Überblick über die Preisentwicklung.

Balkendiagramm: Es zeigt die Eröffnungs-, Schluss-, Höchst- und Tiefstkurse jeder Handelssitzung an und bietet detaillierte Informationen.

Japanische Candlestick-Charts: Ähnlich wie Balkendiagramme, jedoch mit zusätzlichen visuellen Elementen, um Preisbewegungen und -muster hervorzuheben.

WICHTIGE TECHNISCHE INDIKATOREN

Gleitende Mittelwerte: Berechnet den Durchschnittspreis über einen bestimmten Zeitraum und gleicht Schwankungen aus. Gängige Typen sind einfache gleitende Durchschnitte (SMA) und exponentielle gleitende Durchschnitte (EMA).

Relativer Stärke Index (RSI): Es misst die Preisdynamik auf einer Skala von 0 bis 100. Ein RSI über 70 deutet auf überkaufte Bedingungen hin, während ein Wert unter 30 auf überverkaufte Bedingungen hinweist.

MACD (Moving Average Convergence Divergence): Ein Trendfolgeindikator, der die Beziehung zwischen zwei gleitenden Durchschnitten zeigt. Es kann Trend Änderungen und Momentum Änderungen anzeigen.

Bollinger-Bänder: Es besteht aus einem gleitenden Durchschnitt und zwei Standardabweichungsbändern. Bollinger-Bänder weisen auf Preisvolatilität und mögliche Ausbruchs Punkte hin.

GRAFIKMUSTER

Unterstützungs- und Widerstand Niveaus: Punkte auf einem Chart, an denen die Preise dazu neigen, die Richtung umzukehren. Unterstützung Niveaus verhindern einen weiteren Preisverfall, während Widerstands Niveaus einen Preisanstieg verhindern.

Häufige Muster: *Muster wie Kopf und Schultern, Doppeltops und Flaggen können auf Trend Änderungen oder -fortsetzungen hinweisen.*

WERKZEUGE UND RESSOURCEN FÜR DIE INVESTITIONSANALYSE

Die Anlageanalyse erfordert die richtigen Werkzeuge und Ressourcen, um fundamentale und technische Analysen effektiv durchführen zu können. **Hier ist eine Liste nützlicher Tools und Ressourcen, die Sie bei der Investitionsanalyse unterstützen:**

Websites mit Finanznachrichten: *Plattformen wie Yahoo Finance, CNBC und Bloomberg bieten Nachrichten, Analysen und Marktdaten, um Sie auf dem Laufenden zu halten.*

Tools zur Aktienauswahl: *Tools wie Finviz und Morningstar helfen Ihnen, Aktien anhand verschiedener Kriterien zu bewerten, darunter Finanzkennzahlen und Branchen.*

Diagramm Software: Programme wie TradingView und MetaTrader bieten erweiterte Charting-Funktionen für die technische Analyse.

Finanzsoftware: Plattformen wie Quicken und Mint helfen Ihnen, Ihr Anlageportfolio zu verwalten und die Performance zu verfolgen.

Anlagenbücher: Betrachten Sie Bücher wie „The Intelligent Investor" von Benjamin Graham für die Fundamentalanalyse und „Technical Analysis of Financial Markets" von John Murphy für die technische Analyse.

Anlage Kurse und Webinare: Online-Kurse und Webinare bieten eine umfassende Ausbildung zur Anlageanalyse, vom Anfänger- bis zum Fortgeschrittenen Niveau.

Finanzberater und Experten: Wenden Sie sich an Finanzberater oder Experten, um eine individuelle Anlageberatung und -beratung zu erhalten.

Mithilfe dieser Tools und Ressourcen können Sie eine gründliche Anlageanalyse durchführen, fundierte Entscheidungen treffen und eine solide Grundlage für erfolgreiches Investieren schaffen.

WICHTIGSTE LEKTIONEN

- Fundamentale und technische Analysen sind wichtige Instrumente zur Bewertung von Investitionen.
- Finanzberichte, Kennzahlen und Kennzahlen sind der Schlüssel zur Fundamentalanalyse.
- Die technische Analyse nutzt Diagramme und Indikatoren, um Trends zu erkennen.

Fragen

1. Was ist eine Fundamentalanalyse und was beinhaltet sie?

2. Welche gängigen Tools werden in der technischen Analyse verwendet?

Antworten

1. Bei der Fundamentalanalyse geht es um die Bewertung der finanziellen Gesundheit und Leistung eines Unternehmens durch die Analyse von Jahresabschlüssen,

Kennzahlen und Kennzahlen wie KGV, Umsatzwachstum und Gewinnmargen.

2. Zu den gängigen technischen Analyse Tools gehören gleitende Durchschnitte, Trendlinien, RSI (Relative-Stärke-Index) und MACD (Konvergenz und Divergenz des gleitenden Durchschnitts). Diese helfen dabei, Trends und mögliche Einstiegs- und Ausstiegspunkte für Investitionen zu erkennen.

TEIL 3: VERWALTUNG UND WACHSTUM IHRES PORTFOLIOS

8. PORTFOLIO-MANAGEMENT

REGELMÄßIGE ÜBERPRÜFUNG UND NEU AUSGLEICHUNG DES PORTFOLIOS

Regelmäßige Portfolio-Überprüfungen sind unerlässlich, um sicherzustellen, dass Ihre Investitionen Ihren Zielen, Ihrer Risikotoleranz und den Marktbedingungen entsprechen. Eine Neuausrichtung trägt dazu bei, die gewünschte Vermögensallokation beizubehalten und zu verhindern, dass Ihr Portfolio zu riskant oder zu konservativ wird. Deshalb sind regelmäßige Überprüfungen und Neuausrichtungen sowie die damit verbundenen Schritte von entscheidender Bedeutung:

Warum sollten Sie Ihr Portfolio überprüfen? Regelmäßige Portfolio Überprüfungen ermöglichen Ihnen:

Leistung verfolgen: Bewerten Sie, wie gut Ihre Investitionen im Vergleich zu persönlichen Benchmarks und Zielen abschneiden.

Identifizieren Sie Änderungen: Erkennen Sie alle Änderungen in der Vermögensallokation aufgrund von Marktbewegungen oder Änderungen Ihrer finanziellen Situation.

Strategie anpassen: Nehmen Sie alle notwendigen Anpassungen an Ihre Anlagestrategie vor, um sie an Ihre Ziele und Risikotoleranz anzupassen.

SCHRITTE ZUR ÜBERPRÜFUNG DES PORTFOLIOS

1. Vermögensaufteilung prüfen: Stellen Sie sicher, dass die Vermögensaufteilung Ihres Portfolios zu Ihrem Anlageplan passt. Wenn sich die Zuteilung geändert hat, sollten Sie über eine Neuausrichtung nachdenken.

2. Leistung bewerten: Vergleichen Sie die Wertentwicklung Ihrer Anlagen mit relevanten Benchmarks, wie dem S&P 500 für Aktien oder dem Bloomberg Barclays U.S. Index. Gesamtanlage für Boni.

3. Identifizieren Sie leistungsschwache Vermögenswerte: Stellen Sie fest, ob Vermögenswerte dauerhaft eine unterdurchschnittliche Leistung erbringen, und erwägen Sie den Ersatz durch leistungsstärkere Optionen.

4. Bewerten Sie die Risikoexposition: Überprüfen Sie das Risikoniveau Ihres Portfolios, um sicherzustellen, dass es mit Ihrer Risikotoleranz übereinstimmt.

NEW BALANCE

Warum neu ausbalancieren? Eine Neuausrichtung trägt dazu bei, die gewünschte Vermögensallokation beizubehalten und verringert das Risiko einer Übergewichtung bestimmter Vermögenswerte.

Wann sollte eine Neuausrichtung erfolgen? Nehmen Sie in regelmäßigen Abständen eine Neuausrichtung vor (z. B. jährlich oder halbjährlich) oder wenn Ihre Vermögensallokation erheblich abweicht (z. B. 5 % bis 10 %).

Wie kann man das Gleichgewicht wiederherstellen?
Verkaufen Sie Vermögenswerte, die sich besser entwickelt haben, um sie wieder mit Ihrer Zielallokation in Einklang zu bringen, und investieren Sie erneut in Vermögenswerte mit schlechterer Wertentwicklung, um das Gleichgewicht wiederherzustellen.

ANPASSUNG DER ANLAGESTRATEGIEN IM LAUFEN DER ZEIT

Anlagestrategien müssen sich an veränderte Marktbedingungen, persönliche Umstände und finanzielle Ziele anpassen. So passen Sie Ihre Anlagestrategie im Laufe der Zeit an:

Beobachten Sie Markttrends: Bleiben Sie über Markttrends, Wirtschaftsindikatoren und globale Ereignisse informiert, die sich auf Ihre Investitionen auswirken könnten. Dieses Bewusstsein hilft Ihnen, Ihre Strategie an veränderte Bedingungen anzupassen.

Rahmen für Lebensereignisse: Wichtige Lebensereignisse wie Heirat, Kinderwunsch oder Ruhestand können sich auf Ihre finanziellen Ziele und Ihre Risikotoleranz auswirken. Passen Sie Ihre Anlagestrategie an diese Veränderungen an.

Betrachten Sie den Zeithorizont: Wenn Sie sich wichtigen finanziellen Meilensteinen nähern (z. B. dem Ruhestand), passen Sie Ihre Vermögensallokation an, um das Risiko zu reduzieren und die Stabilität zu erhöhen.

Risikotoleranz neu bewerten: Bewerten Sie regelmäßig Ihre Risikotoleranz, um sicherzustellen, dass sie mit Ihren aktuellen Umständen und zukünftigen Zielen übereinstimmt.

Entdecken Sie neue Investitionsmöglichkeiten: Wenn Ihr Anlagewissen wächst, sollten Sie darüber nachdenken, neue Anlageinstrumente oder -strategien zur Diversifizierung Ihres Portfolios auszuprobieren.

UMGANG MIT MARKTVOLATILITÄT UND WIRTSCHAFTLICHEN VERÄNDERUNGEN

Marktvolatilität und wirtschaftliche Veränderungen können zu Unsicherheit bei Anlegern führen. **Nachfolgend finden Sie Strategien zur Bewältigung der**

Marktvolatilität und zur Anpassung an wirtschaftliche Veränderungen:

Pflegen Sie ein diversifiziertes Portfolio: Diversifizierung trägt dazu bei, die Auswirkungen der Marktvolatilität zu reduzieren, indem das Risiko auf verschiedene Anlageklassen und Sektoren verteilt wird.

Konzentrieren Sie sich auf langfristige Ziele: Vermeiden Sie impulsive Entscheidungen auf der Grundlage kurzfristiger Marktschwankungen. Behalten Sie Ihre langfristigen finanziellen Ziele im Auge, um auch in Zeiten der Volatilität konzentriert zu bleiben.

Nutzen Sie defensive Anlagen: Erwägen Sie, Ihrem Portfolio defensive Anlagen wie Anleihen oder Dividendenaktien hinzuzufügen. Diese Vermögenswerte sind in Marktkrisen tendenziell stabiler.

Bargeldreserven vorhalten: Halten Sie einen Teil Ihres Portfolios in Bargeld oder Zahlungsmitteläquivalenten, um in turbulenten Zeiten Liquidität und Flexibilität zu gewährleisten.

Bleiben Sie diszipliniert: Vermeiden Sie emotionales Investieren und bleiben Sie bei Ihrer Anlagestrategie. Überprüfen Sie Ihre finanziellen Ziele, um auf dem richtigen Weg zu bleiben.

Wirtschaftsindikatoren überwachen: Behalten Sie Wirtschaftsindikatoren wie BIP-Wachstum, Inflation und Zinssätze im Auge. Mithilfe dieser Informationen können Sie wirtschaftliche Veränderungen vorhersehen und Ihr Portfolio entsprechend anpassen.

Holen Sie sich professionellen Rat: Wenden Sie sich in Zeiten der Marktvolatilität oder wirtschaftlicher Unsicherheit an einen Finanzberater oder Anlageexperten, um eine individuelle Beratung zu erhalten.

Durch die Umsetzung dieser Strategien können Sie Ihr Portfolio effektiv verwalten, sich an veränderte Bedingungen anpassen und Marktvolatilitäten souverän meistern.

WICHTIGSTE LEKTIONEN

☐ Eine regelmäßige Überprüfung und Neuausrichtung des Portfolios ist für die Aufrechterhaltung eines erfolgreichen Portfolios von entscheidender Bedeutung.

☐ Anlagestrategien müssen sich im Laufe der Zeit anpassen, um den sich ändernden Marktbedingungen und -zielen gerecht zu werden.

☐ Der Umgang mit Marktvolatilität und wirtschaftlichen Veränderungen ist der Schlüssel zum langfristigen Erfolg.

Fragen

1. Warum ist eine regelmäßige Portfolio-Überprüfung wichtig?

2. Wie können Sie die Marktvolatilität in Ihrem Portfolio bewältigen?

Antworten

1. Regelmäßige Portfolio-Überprüfungen stellen sicher, dass Ihre Investitionen Ihren Zielen und Ihrer Risikotoleranz entsprechen. Hilft zu erkennen, ob eine Neuausrichtung erforderlich ist und ob aufgrund

veränderter Marktbedingungen Anpassungen erforderlich sind.

2. Um die Marktvolatilität zu bewältigen, pflegen Sie ein diversifiziertes Portfolio, konzentrieren Sie sich auf langfristige Ziele und vermeiden emotionale Entscheidungen bei Marktschwankungen. Erwägen Sie den Einsatz von Strategien wie Stop-Loss-Orders oder Absicherungen, um sich vor großen Verlusten zu schützen.

9. VERHALTENS FINANZIERUNG

Behavioral Finance untersucht, wie emotionale und kognitive Vorurteile das Anlegerverhalten beeinflussen und häufig zu suboptimalen Anlageentscheidungen führen. Für den langfristigen Anlageerfolg ist es entscheidend, diese Vorurteile zu verstehen und sie zu überwinden.

EMOTIONALE UND Kognitive Vorurteile verstehen

Investoren treffen Entscheidungen oft auf der Grundlage von Emotionen oder kognitiven Abkürzungen, was zu Fehlern führen kann. Im Folgenden sind einige häufige Vorurteile aufgeführt, die sich auf das Anlegerverhalten auswirken:

Übermäßiges Selbstvertrauen: Die Tendenz, das eigene Wissen oder die eigenen Vorhersagen, Fähigkeiten zu überschätzen. Übermäßige Anleger können übermäßige Risiken eingehen, was zu erheblichen Verlusten führen kann.

Bestätigungsfehler: Die Tendenz, Informationen zu suchen, die bestehende Überzeugungen bestätigen, während Beweise ignoriert werden, die ihnen widersprechen. Dies kann zu schlechten Investitionsentscheidungen führen.

Populäre Mentalität: Die Tendenz, den Handlungen einer größeren Gruppe zu folgen. Dies kann dazu führen, dass zu einem hohen Preis gekauft und zu einem niedrigen Preis verkauft wird, da Anleger Markttrends ohne kritische Bewertung verfolgen.

Verlustaversion: Die Tendenz, Verluste lieber zu vermeiden als Gewinne zu erzielen. Diese Voreingenommenheit kann dazu führen, dass Verluste Investitionen zu lange gehalten oder Gewinn Investitionen zu früh verkauft werden.

Anker Voreingenommenheit: Die Tendenz, sich bei Entscheidungen zu sehr auf Ausgangsinformationen zu verlassen. Anleger können von einem bestimmten Preis oder bestimmten Daten besessen sein, was sich auf ihr Urteilsvermögen auswirkt.

Verfügbarkeit Bias: Die Tendenz, sich bei Entscheidungen auf leicht verfügbare Informationen zu verlassen. Dies kann dazu führen, dass umfassendere

Trends ignoriert werden oder die jüngsten Ereignisse zu stark betont werden.

STRATEGIEN, UM DISZIPLIN ZU BLEIBEN

Um emotionale und kognitive Vorurteile zu bekämpfen, müssen Anleger Disziplin bewahren und an ihren Anlagestrategien festhalten. **Hier sind einige wirksame Strategien, um diszipliniert zu bleiben:**

Entwickeln Sie einen klaren Investitionsplan: Erstellen Sie einen strukturierten Investitionsplan mit spezifischen Zielen, Asset-Allokation und Rebalancing-Regeln. Ein klar definierter Plan hilft bei Investitionsentscheidungen und reduziert die Auswirkungen emotionaler Reaktionen.

Konzentrieren Sie sich auf langfristige Ziele: Behalten Sie Ihre langfristigen finanziellen Ziele im Auge, um impulsive Entscheidungen auf der Grundlage kurzfristiger Marktschwankungen zu vermeiden.

Investitionsentscheidungen automatisieren: Erwägen Sie den Einsatz automatisierter Anlage-Tools oder Robo-

Advisors zur Verwaltung Ihres Portfolios. Automatisierung trägt dazu bei, die Auswirkungen emotionaler Investitionen zu reduzieren.

Regelmäßige Portfolio-Überprüfungen: Planen Sie regelmäßige Portfolio-Überprüfungen, um die Leistung zu verfolgen und Anpassungen basierend auf Ihrem Investitionsplan vorzunehmen. Diese Routine hilft, die Disziplin aufrechtzuerhalten.

Suchen Sie nach vielfältigen Perspektiven: Konsultieren Sie Finanzberater oder vertrauenswürdige Quellen, um eine umfassendere Perspektive zu erhalten. Dies hilft Ihnen, Ihre Vorurteile zu hinterfragen und Ihre Entscheidungen zu bestätigen.

Marktüberwachung einschränken: Eine übermäßige Überwachung von Marktnachrichten kann emotionale Reaktionen hervorrufen. Begrenzen Sie Ihre Marktüberwachung, um unnötigen Stress und Ängste zu vermeiden.

Halten Sie ausreichende Barreserven bereit: Wenn Sie über Barreserven verfügen, ist es weniger notwendig,

Anlagen in Abschwungphasen zu verkaufen, sodass Sie in volatilen Zeiten diszipliniert bleiben.

HÄUFIGE FEHLER, DIE INVESTOREN VERMEIDEN SOLLTEN

Anleger machen oft Fehler, die den Erfolg ihrer Investitionen gefährden können. **Hier finden Sie eine Liste häufiger Fehler und Tipps, wie Sie diese vermeiden können:**

Verwaltungsleistung: Anleger sind möglicherweise auf der Suche nach leistungsstarken Aktien oder Fonds, was dazu führt, dass sie zu einem hohen Preis kaufen und zu einem niedrigen Preis verkaufen. Konzentrieren Sie sich auf ein diversifiziertes Portfolio und vermeiden Sie es, Trends ohne Analyse zu verfolgen.

Über den Handel: Häufiger Handel erhöht die Kosten und Steuern, was die Gesamtrentabilität verringert. Halten Sie sich an Ihren Investitionsplan und vermeiden Sie unnötige Operationen.

Diversifikation außer Acht lassen: Mangelnde Diversifizierung erhöht das Risiko. Bauen Sie ein über

Anlageklassen, Branchen und Regionen diversifiziertes Portfolio auf.

Den Markt synchronisieren: Der Versuch, Marktbewegungen zeitlich zu steuern, führt oft zu schlechten Ergebnissen. Konzentrieren Sie sich auf langfristige Ziele und vermeiden Sie Market Timing.

Emotionale Investition: Entscheidungen auf der Grundlage von Emotionen und nicht von Logik zu treffen, kann zu kostspieligen Fehlern führen. Nutzen Sie Strategien, um diszipliniert zu bleiben und emotionale Investitionen zu reduzieren.

Unterschätzen Sie das Risiko: Das Übersehen der mit bestimmten Investitionen verbundenen Risiken kann zu erheblichen Verlusten führen. Verstehen Sie das Risikoprofil jeder Investition und pflegen Sie ein ausgewogenes Portfolio.

Neuausrichtung vernachlässigen: Wenn Sie Ihr Portfolio nicht neu ausbalancieren, kann dies zu einer unausgewogenen Vermögensallokation führen. Stellen

Sie das Gleichgewicht regelmäßig wieder her, um das gewünschte Risikoniveau aufrechtzuerhalten.

Wenn Sie diese Vorurteile verstehen, Disziplinierung Strategien umsetzen und häufige Anlegerfehler vermeiden, können Sie fundiertere Entscheidungen treffen und einen langfristigen Anlageerfolg erzielen.

WICHTIGSTE LEKTIONEN

- ☐ Emotionale und kognitive Vorurteile können Anlageentscheidungen beeinflussen.
- ☐ Es ist wichtig, Disziplin zu wahren und häufige Anlegerfehler zu vermeiden.
- ☐ Das Verständnis von Behavioral Finance hilft beim Umgang mit Emotionen beim Investieren.

Fragen

1. Was sind einige häufige emotionale und kognitive Vorurteile beim Investieren?
2. Welche Strategien können Ihnen helfen, die Disziplin Ihres Anlage-Einsatzes aufrechtzuerhalten?

Antworten

1. Zu den häufigen Vorurteilen gehören Verlustaversion (lieber Verluste vermeiden als Gewinne erzielen), Selbstüberschätzung und Herdenmentalität (der Masse folgen). Dies kann zu schlechten Investitionsentscheidungen führen.

2. Um diszipliniert zu bleiben, legen Sie klare Investitionsziele fest, erstellen einen schriftlichen Investitionsplan und vermeiden Sie es, auf kurzfristige Marktschwankungen zu reagieren. Behalten Sie außerdem eine langfristige Perspektive bei und holen Sie sich bei Bedarf professionellen Rat.

10. STEUERLICHE AUSWIRKUNGEN UND RECHTLICHE ERWÄGUNGEN

Investitionen haben verschiedene steuerliche Auswirkungen und rechtliche Anforderungen. Wenn Sie diese Faktoren verstehen, können Sie Ihre Rentabilität optimieren und Vorschriften einhalten. Lassen Sie uns die Grundlagen von Investitionsgütern, steuerbegünstigten Konten und rechtlichen Überlegungen erkunden.

ÜBERBLICK ÜBER DIE BESTEUERUNG VON INVESTITIONEN

Investitionssteuerung kann Ihre Rendite erheblich beeinflussen. Nachfolgend finden Sie eine Zusammenfassung der Grundkonzepte und unterschiedlichen steuerlichen Behandlungen für verschiedene Arten von Investitionen:

Kapitalertragsteuer: Kapitalgewinne entstehen, wenn Sie eine Anlage für mehr verkaufen, als Sie dafür bezahlt haben. Es gibt zwei Arten von Kapitalgewinnen:

Kurzfristige Kapitalgewinne: Anlage Gewinne, die weniger als ein Jahr gehalten werden, werden grundsätzlich mit dem normalen Einkommensteuersatz besteuert.

Langfristige Kapitalgewinne: Anlage Gewinne, die länger als ein Jahr gehalten werden, unterliegen niedrigeren Steuersätzen, die je nach Einkommensniveau variieren.

Dividendensteuern: Dividenden sind Zahlungen von Unternehmen an Aktionäre. Sie werden je nach Art unterschiedlich besteuert:

Qualifizierte Dividenden: Sie werden mit den langfristigen Kapitalertragsätzen besteuert, wenn sie bestimmte Anforderungen erfüllen (z. B. Haltedauer, Zahlung durch ein qualifiziertes US-amerikanisches oder ausländisches Unternehmen).

Ordentliche Dividenden: Sie werden mit Ihrem normalen Einkommensteuersatz besteuert, wenn sie die Kriterien für qualifizierte Dividenden nicht erfüllen.

Zinsertrag: Zinserträge aus Anleihen, Sparkonten oder anderen festverzinslichen Anlagen werden im

Allgemeinen mit dem normalen Einkommensteuersatz besteuert.

Steuerlich absetzbare Investitionsausgaben:
Einige anlagenbezogene Ausgaben, wie z. B. Gebühren für Finanzberater, können steuerlich abzugsfähig sein. Für spezifische Richtlinien wenden Sie sich an einen Steuerberater.

Verrechnung von Kapitalgewinnen mit Verlusten: Sie können Kapitalverluste zum Ausgleich von Kapitalgewinnen nutzen und so Ihr zu versteuerndes Einkommen verringern. Übersteigen die Verluste die Gewinne, können Sie diese auf künftige Steuerjahre vortragen.

Steuerbegünstigte Konten (z. B. IRAS, 401(K)S)
Steuerbegünstigte Konten bieten die Möglichkeit, Steuern zu minimieren und Erträge zu maximieren. **Nachfolgend finden Sie eine Übersicht über steuerbegünstigte Gemeinschaftskonten.:**

Individuelle Rentenkonten (IRA): IRAs sind für die Altersvorsorge konzipiert. Es gibt zwei Haupttypen:

Traditionelle IRA: Beiträge sind in der Regel steuerlich absetzbar und Kapitalerträge werden steuerlich abgegrenzt. Abhebungen im Ruhestand werden als ordentliches Einkommen besteuert.

Roth IRA: Die Beiträge werden mit Dollar nach Steuern geleistet, die Anlageerträge wachsen jedoch steuerfrei und qualifizierte Abhebungen sind steuerfrei.

Flugzeuge 401(k): Vom Arbeitgeber geförderte Altersvorsorgepläne, die es den Mitarbeitern ermöglichen, einen Beitrag zum Vorsteuer-Einkommen zu leisten. Beiträge und Kapitalerträge wachsen steuerbegünstigt, und Abhebungen im Ruhestand werden als ordentliches Einkommen besteuert.

Flugzeuge 403(b): Ähnlich den 401(k)-Plänen, jedoch für Mitarbeiter gemeinnütziger Organisationen, Schulen und anderer öffentlicher Einrichtungen konzipiert.

Gesundheitssparkonten (HSA): Steuerbegünstigte Konten für medizinische Ausgaben. Beiträge sind steuerlich absetzbar, Einkünfte wachsen steuerfrei und qualifizierte

Abhebungen für Krankheitskosten sind ebenfalls steuerfrei.

Diese steuerbegünstigten Konten bieten erhebliche Vorteile für das langfristige Investitionswachstum. Durch den strategischen Einsatz können Sie die Rendite Ihrer Investition optimieren und Ihre Steuerlast reduzieren.

EINHALTUNG VON RECHTLICHEN UND RECHTSVORSCHRIFTEN

Die Investition beinhaltet rechtliche Compliance und behördliche Überlegungen. Folgendes sollten Sie beachten:

Wertpapier Vorschriften: Anlage Aktivitäten unterliegen verschiedenen Gesetzen und Vorschriften, beispielsweise dem Securities Act von 1933 und dem Securities Exchange Act von 1934. Diese Gesetze gewährleisten Transparenz, schützen Anleger und verhindern Betrug.

Einhaltung der Steuergesetze: Stellen Sie die Einhaltung der Steuergesetze und -vorschriften im Zusammenhang mit der Investitionssteuerung sicher. Dazu gehört die genaue Berichterstattung über Kapitalgewinne, Dividenden und andere Kapitalerträge.

Insiderhandel und Marktmanipulation: Insiderhandel (Nutzung nicht öffentlicher Informationen zur Durchführung von Transaktionen) und Marktmanipulation (Manipulation von Aktienkursen) sind illegal und werden mit schweren Strafen geahndet.

Aufsichtsbehörden: Die Securities and Exchange Commission (SEC) und die Financial Industry Regulatory Authority (FINRA) sind wichtige Regulierungsbehörden, die die Investitionsaktivitäten überwachen. Machen Sie sich mit deren Richtlinien und Vorschriften vertraut.

Vorschriften für Anlageberater: Wenn Sie mit einem Finanzberater zusammenarbeiten, stellen Sie sicher, dass dieser bei den zuständigen Aufsichtsbehörden registriert ist und die Treuhand-Standards erfüllt.

Anlegerschutz: Machen Sie sich mit Ihren Rechten als Anleger und den Schutzmaßnahmen der Aufsichtsbehörden vertraut. Dazu gehört auch, dass Sie wissen, wo Sie betrügerische oder unethische Anlagepraktiken melden können.

Wenn Sie diese steuerlichen Auswirkungen und rechtlichen Aspekte verstehen, können Sie fundierte Anlageentscheidungen treffen, Ihre Renditen optimieren und die Einhaltung relevanter Vorschriften sicherstellen. Für eine individuelle Beratung wenden Sie sich immer an einen Steuerberater oder einen Rechtsberater.

WICHTIGSTE LEKTIONEN

- ☐ Wenn Sie die Anlage Steuern verstehen, können Sie Ihr Portfolio effektiver verwalten.
- ☐ Steuerbegünstigte Konten wie IRAs und 401(k)s bieten Anlegern Vorteile.
- ☐ Die Einhaltung gesetzlicher Vorschriften und Vorschriften ist wichtig, um Investitionsprobleme zu vermeiden.

Fragen

1. Welche allgemeinen steuerlichen Auswirkungen haben Investitionen?

2. Wie können Anleger von steuerbegünstigten Konten profitieren?

Antworten

1. Zu den üblichen steuerlichen Auswirkungen gehören die Kapitalertragsteuer, die Dividendensteuer und die Zinsertragssteuer. Langfristige Kapitalgewinne werden im Allgemeinen mit niedrigeren Sätzen besteuert, während kurzfristige Gewinne mit höheren Sätzen besteuert werden.

2. Steuerbegünstigte Konten wie IRAs und 401(k)s bieten Steuervorteile, sodass Sie Geld vor Steuern anlegen oder Steuern bis zur Pensionierung aufschieben können. Diese Konten tragen dazu bei, laufende Steuerpflichten zu reduzieren und langfristige Investitionen zu fördern.

TEIL 4: FORTGESCHRITTENE THEMEN UND RESSOURCEN

11. FORTGESCHRITTENE ANLAGEKONZEPTE

EINFÜHRUNG IN *Derivate, Optionen und Futures*

Derivate, Optionen und Futures sind komplexe Finanzinstrumente, die von Basiswerten wie Aktien, Anleihen oder Rohstoffen abgeleitet sind. Sie bieten einzigartige Chancen, bergen aber auch erhebliche Risiken. Nachfolgend finden Sie eine kurze Einführung in diese Konzepte:

Derivate: Finanzinstrumente, deren Wert von einem zugrunde liegenden Vermögenswert, Index oder Zinssatz abgeleitet wird. Sie werden häufig zur Absicherung von Risiken oder zur Spekulation auf Preisbewegungen eingesetzt. Zu den gängigen Arten von Derivaten gehören Optionen, Futures, Swaps und Forwards.

Optionen: *Verträge, die dem Inhaber das Recht, aber nicht die Verpflichtung einräumen, einen Vermögenswert zu einem vorher festgelegten Preis innerhalb eines bestimmten Zeitraums zu kaufen oder zu verkaufen. Optionen können zur Absicherung von Risiken oder zur Spekulation auf Preisbewegungen eingesetzt werden.*

Anrufoptionen: *Gewährung des Rechts an den Inhaber, einen Vermögenswert zu einem bestimmten Preis zu einem bestimmten Zeitpunkt zu erwerben. Mit Call-Optionen spekulieren Anleger auf Kurssteigerungen.*

Verkaufsoptionen: *Gewährung des Rechts an den Inhaber, einen Vermögenswert zu einem bestimmten Preis an einem bestimmten Datum zu verkaufen. Anleger nutzen Put-Optionen, um sich vor Kursrückgängen abzusichern oder auf Abwärtstrends zu spekulieren.*

Futures: *Verträge zum Kauf oder Verkauf eines Vermögenswerts zu einem vorher festgelegten Preis zu einem späteren Zeitpunkt. Futures sind standardisiert und werden an Börsen gehandelt. Sie werden häufig auf Rohstoff- und Finanzmärkten eingesetzt.*

Anwendungen: Anleger nutzen Futures, um sich gegen Schwankungen der Rohstoffpreise abzusichern oder auf Markttrends zu spekulieren.

Risiken: Futures weisen eine erhebliche Hebelwirkung auf, die Gewinne und Verluste steigert. Dadurch sind sie riskanter als herkömmliche Anlagen.

ERKUNDUNG VON HEDGE-FONDS UND PRIVATKAPITAL

Hedgefonds und Private Equity stellen alternative Anlageinstrumente dar, die sich von traditionellen Anlagen unterscheiden. Sie bieten einzigartige Strategien und hohe Renditen, sind jedoch im Allgemeinen riskanter und weniger reguliert. Folgendes müssen Sie über diese Konzepte wissen:

Hedgefonds: Investmentfonds, die verschiedene Strategien nutzen, darunter Long- und Short-Positionen, Leverage und Derivate, um hohe Renditen zu erzielen. Hedgefonds dienen häufig vermögenden Privatpersonen und institutionellen Anlegern.

Strategien: Hedgefonds nutzen verschiedene Strategien zur Renditemaximierung, etwa globale makroökonomische, marktneutrale und ereignisbasierte Strategien.

Risiken: Hedgefonds bergen aufgrund der Hebelwirkung und spekulativen Strategien in der Regel ein höheres Risiko. Sie unterliegen einer geringeren Regulierung, was sie für Privatanleger riskanter macht.

Privates Kapital: Investmentfonds, die in private Unternehmen investieren oder öffentliche Unternehmen kaufen, um sie zu privatisieren. Private-Equity-Firmen zielen darauf ab, die Leistung des Unternehmens zu verbessern und es schließlich mit Gewinn zu verkaufen.

Investitionshorizont: Private-Equity-Investitionen haben einen längerfristigen Horizont und erfordern oft mehrere Jahre, bis die Rendite eintritt.

Risiken: Private Equity erfordert viel Kapital und kann sehr illiquide sein. Auch mangelnde öffentliche Aufsicht kann die Risiken erhöhen.

INTERNATIONALE INVESTITIONEN UND MONETÄRE RISIKEN

Bei internationalen Investitionen geht es darum, in ausländische Märkte zu investieren und so Diversifizierung und Zugang zum globalen Wachstum zu gewährleisten. Es birgt jedoch einzigartige Risiken, einschließlich Währungsschwankungen und geopolitischer Unsicherheit. Nachfolgend finden Sie einen Überblick über internationale Investitionen und die damit verbundenen Risiken:

VORTEILE INTERNATIONALER INVESTITIONEN

Diversifikation: Investitionen in ausländische Märkte reduzieren das Risiko, indem sie die Investitionen auf verschiedene Volkswirtschaften und Branchen verteilen.

Engagement für globales Wachstum: Durch internationale Investitionen können Sie vom Wachstum in Schwellenländern und anderen globalen Regionen profitieren.

Währungsdiversifikation: Durch die Anlage in Vermögenswerte, die auf Fremdwährungen lauten, wird Ihr Währungsmanagement diversifiziert.

Währungsrisiken: Währungsschwankungen können sich auf die Rendite internationaler Investitionen auswirken. **Folgendes sollten Sie über Währungsrisiken wissen:**

Wechselkursbewegungen: Wechselkursänderungen können den Wert internationaler Investitionen beeinflussen. Ein stärkerer US-Dollar kann die Rendite ausländischer Vermögenswerte verringern, während ein schwächerer Dollar die Rendite steigern kann.

Abdeckung des Wechselkursrisikos: Anleger können Währungsderivate einsetzen oder in Währungs-Hedgefonds investieren, um das Währungsrisiko zu steuern.

Geopolitische Risiken: Internationale Investitionen unterliegen geopolitischen Ereignissen wie politischer Instabilität, Handelsstreitigkeiten und regulatorischen Änderungen. Diese Risiken können den Wert internationaler Investitionen beeinträchtigen.

Untersuchung und Due Diligence:

Bevor Sie international investieren, führen Sie umfassende Untersuchungen zur Wirtschaft, zur politischen Stabilität und zum regulatorischen Umfeld des Landes durch.

INTERNATIONALE INVESTITIONEN FAHRZEUGE

Internationale Investmentfonds und ETFs: Diese Fonds bieten ein breites Engagement auf internationalen Märkten und verringern so die Komplexität der Auswahl einzelner Aktien.

American Depositary Receipts (ADR): ADRs sind in den Vereinigten Staaten gehandelte Wertpapiere, die Aktien ausländischer Unternehmen repräsentieren. Sie bieten eine Möglichkeit, über US-Börsen in internationale Unternehmen zu investieren.

Indem Sie diese fortschrittlichen Anlagekonzepte erkunden und ihre Risiken und Vorteile verstehen, können Sie Ihren Anlagehorizont erweitern und Ihr Portfolio mit anspruchsvollen Anlagestrategien diversifizieren.

WICHTIGSTE LEKTIONEN

☐ Derivate, Optionen und Futures sind fortschrittliche Anlageinstrumente mit einzigartigen Risiken und Vorteilen.

☐ Hedgefonds und Private Equity sind alternative Anlagen mit hoher Rendite, aber höherem Risiko.

☐ Durch internationale Investitionen sind Anleger Währungsrisiken und globalen Markttrends ausgesetzt.

Fragen

1. Was sind Derivate und wie werden sie bei Investitionen eingesetzt?

2. Welche Risiken sind mit Hedgefonds und Private Equity verbunden?

Antworten

1. Derivate sind Finanzkontrakte, deren Wert von einem zugrunde liegenden Vermögenswert wie Aktien oder Rohstoffen abhängt. Sie werden zu Absicherungs-, Spekulations- oder Anlagehebel Zwecken eingesetzt.

2. Hedgefonds und Private Equity bergen aufgrund ihres spekulativen Charakters und der geringeren regulatorischen Aufsicht größere Risiken. Sie erfordern häufig erhebliches Kapital und sind im Vergleich zu herkömmlichen Anlagen möglicherweise weniger liquide.

12. RESSOURCEN UND WERKZEUGE

Um Ihre Investitionen effektiv zu verwalten und zu steigern, ist es hilfreich, Zugang zu vertrauenswürdigen Ressourcen, Finanzsoftware und Expertenrat zu haben. In diesem Kapitel finden Sie empfohlene Bücher und Websites zum Lernen, beliebte Finanz-Apps und Software für das Portfoliomanagement sowie Tipps für die Suche nach vertrauenswürdigen Finanzberatern.

EMPFOHLENE BÜCHER UND WEBSITES

Bücher und Websites bieten wertvolle Informationen zu verschiedenen Anlagethemen. Nachfolgend finden Sie einige empfohlene Ressourcen für weiteres Lernen und Portfoliomanagement:

BÜCHER:

„Der intelligente Investor von Benjamin Graham: Ein klassisches Buch zum Thema Value Investing, das die Prinzipien für erfolgreiches Investieren und Risikomanagement untersucht.

„A Random Walk Down Wall Street" von Burton Malkiel: Dieses Buch untersucht die Theorie effizienter Märkte und passive Anlagestrategien.

„Stammaktien und ungewöhnliche Gewinne" von Philip Fisher: Ein Leitfaden für Wachstumsinvestitionen, der sich auf einen qualitativen Ansatz bei der Aktienauswahl konzentriert.

„One Up on Wall Street" von Peter Lynch: Lynch teilt seinen Anlageansatz und bietet praktische Ratschläge für Privatanleger.

WEBSITES:

Investopedia: Eine umfassende Ressource mit Finanzbegriffen, Anlagekonzepten und lehrreichen Anlageartikeln.

Yahoo Finanzen: Bietet Finanznachrichten, Börsendaten und Portfolio-Tracking-Tools.

Morgenstern: Bietet Investmentfonds- und ETF-Analysen sowie Investment-Research und Ratings.

Ich suche Alpha: Eine von der Community betriebene Plattform mit Anlage Artikeln und Analysen von Finanzexperten und Einzelinvestoren.

CNBC: Es bietet Finanznachrichten und Markt-Aktualisierungen sowie Anlegerinformationen und -analysen.

SOFTWARE UND FINANZANWENDUNGEN FÜR DAS PORTFOLIO-MANAGEMENT

Die Verwaltung Ihres Anlageportfolios erfordert Organisation und Überwachung. **Nachfolgend finden Sie einige beliebte Finanzprogramme und Apps, die helfen können:**

Beschleunigen: Eine umfassende persönliche Finanzsoftware, mit der Sie Investitionen, Ausgaben und Budgetierung verfolgen können.

Als: Eine Budgetierungs- und Finanzmanagement-App mit Funktionen zur Investition Verfolgung.

Kapital persönlich: Eine Portfoliomanagement Plattform, die Investition, Verfolgung, Altersvorsorgeplanung und Finanzberatungsdienste bietet.

SigFig: Eine Portfoliomanagement-App, die Investition, Verfolgung, Portfolioanalyse und Empfehlungen zur Neuausrichtung bietet.

Morningstar-Portfoliomanager: Ein Tool zur Verfolgung und Analyse Ihres Anlageportfolios mit detaillierten Berichten und Leistungskennzahlen.

TIPPS, UM ZUVERLÄSSIGE FINANZBERATER ZU FINDEN

Die Suche nach einem vertrauenswürdigen Finanzberater ist entscheidend für eine individuelle Anlageberatung und -beratung. **Hier finden Sie Tipps, wie Sie vertrauenswürdige Berater finden und worauf Sie bei einem guten Berater achten sollten:**

Anmeldedaten suchen: Suchen Sie nach Beratern mit anerkannten Qualifikationen, beispielsweise einem zertifizierten Finanzplaner (CFP) oder einem Chartered Financial Analyst (CFA). Diese Referenzen weisen auf ein hohes Maß an Erfahrung und die Einhaltung ethischer Standards hin.

Überprüfen Sie die Registrierung und Lizenzen: *Stellen Sie sicher, dass der Berater bei den entsprechenden Aufsichtsbehörden registriert ist, beispielsweise bei der Securities and Exchange Commission (SEC) oder der Financial Industry Regulatory Authority (FINRA).*

Verstehen Sie die Struktur der Beratervergütung: *Finden Sie heraus, wie der Berater vergütet wird, sei es durch Gebühren, Provisionen oder eine Kombination davon. Honorarberater gelten oft als transparenter und unparteiischer.*

Erfahrung und Wissen bewerten: *Berücksichtigen Sie die Erfahrung des Beraters in der Investmentbranche und seine Erfahrung in der Verwaltung von Portfolios. Suchen Sie nach Beratern, die über eine Erfolgsbilanz und Erfahrung in der Zusammenarbeit mit Kunden wie Ihnen verfügen.*

Suche nach Referenzen und Rezensionen: *Bitten Sie aktuelle oder ehemalige Kunden um Referenzen und lesen Sie Online-Bewertungen, um den Ruf des Beraters zu beurteilen.*

Bewerten Sie Kommunikation und Transparenz: Wählen Sie einen Berater, der klar und transparent über seinen Anlageansatz kommuniziert. Ein guter Berater sollte bereit sein, Ihre Fragen zu beantworten und Ihnen Anlagekonzepte zu erklären.

Treuhand Verantwortung sicherstellen: Bestätigen Sie, dass der Berater die treuhänderische Pflicht hat, in Ihrem besten Interesse zu handeln. Treuhandberater sind gesetzlich verpflichtet, die Interessen ihrer Kunden über ihre eigenen zu stellen.

Vereinbaren Sie einen Beratungstermin: Bevor Sie sich an einen Berater wenden, vereinbaren Sie einen Beratungstermin, um Ihre finanziellen Ziele, Ihre Anlagestrategie und den Ansatz des Beraters zu besprechen. Mithilfe dieses Treffens können Sie feststellen, ob der Berater der Richtige für Sie ist.

Durch die Nutzung dieser Ressourcen, Finanzsoftware und Tipps zur Suche nach vertrauenswürdigen Finanzberatern können Sie fundierte Anlageentscheidungen treffen, Ihr Portfolio effektiv verwalten und Ihre finanziellen Ziele erreichen.

WICHTIGSTE LEKTIONEN

☐ Zuverlässige Ressourcen und Tools sind für eine effektive Verwaltung von Investitionen unerlässlich.

☐ Empfohlene Bücher, Websites und Software können dabei helfen, Investitionen zu verfolgen und zu analysieren.

☐ Um professionelle Beratung zu erhalten, ist die Suche nach einem vertrauenswürdigen Finanzberater von entscheidender Bedeutung.

Fragen

1. Welche nützlichen Ressourcen gibt es, um etwas über das Investieren zu lernen?

2. Welche Faktoren sollten Sie bei der Auswahl eines Finanzberaters berücksichtigen?

Antworten

1. Zu den nützlichen Ressourcen gehören Anlagen Bücher (wie „The Intelligent Investor"), Finanz Websites (wie Investopedia) und Software/Apps zur

Portfolioverwaltung und -analyse (wie Personal Capital oder Mint).

2. Berücksichtigen Sie bei der Auswahl eines Finanzberaters dessen Qualifikationen, Erfahrung, Gebührenstruktur und Anlageansatz. Suchen Sie nach einem Treuhandberater, der in Ihrem besten Interesse handelt und sich an Ihren Anlagezielen ausrichtet.

13. SCHLUSSFOLGERUNG

ZUSAMMENFASSUNG DER WICHTIGSTEN PUNKTE

Zum Abschluss dieses umfassenden Leitfadens zur Verwaltung und zum Wachstum Ihrer Investitionen: **Lassen Sie uns die wichtigsten Punkte, die im Buch behandelt werden, und ihre Bedeutung noch einmal zusammenfassen:**

Investitionen verstehen: Wir erforschen die Grundlagen des Investierens, einschließlich Schlüsselbegriffe, Anlagearten und deren Risikoprofile. Diese Grundlage ist unerlässlich, um fundierte Entscheidungen zu treffen und die Rolle von Investitionen bei der Erreichung finanzieller Ziele zu verstehen.

Anlagestrategie: Wir besprechen, wie wichtig eine strukturierte Anlagestrategie ist und wie man finanzielle Ziele festlegt. Wir untersuchen auch verschiedene

Anlagestile und geben Hinweise zur Erstellung eines personalisierten Anlageplans.

Risikomanagement: Risikomanagement ist ein entscheidender Aspekt erfolgreicher Investitionen. Wir untersuchen gängige Anlagerisiken, Diversifizierungsstrategien, Sicherungstechniken und das Gleichgewicht zwischen Risiko und Ertrag in einem Portfolio.

Aufbau eines diversifizierten Portfolios: Dieser Abschnitt konzentrierte sich auf den Aufbau eines diversifizierten Portfolios, einschließlich Vermögensallokation, Neuausrichtung und die Vorteile der Verwendung von Indexfonds und ETFs für eine vereinfachte Diversifizierung.

Investitionsanalyse: Wir führen die fundamentale und technische Analyse ein und erklären, wie man Investitionen anhand von Finanzkennzahlen, Diagrammmustern und anderen Tools bewertet. Wir listen auch nützliche Ressourcen für die Durchführung von Investitionsanalysen auf.

Verwalten und erweitern Sie Ihr Portfolio: Zu einem effektiven Portfoliomanagement gehören regelmäßige Überprüfungen, die Anpassung von Strategien im Laufe der Zeit und der Umgang mit Marktvolatilität. Wir diskutieren Strategien zur Wahrung der Disziplin, zur Vermeidung häufiger Anlegerfehler und verstehen steuerliche Auswirkungen und rechtliche Überlegungen.

Fortgeschrittene Themen und Ressourcen: In diesem Abschnitt wurden fortgeschrittene Anlagekonzepte wie Derivate, Optionen und Futures behandelt. Wir beschäftigen uns auch mit Hedgefonds, Private Equity und internationalen Investitionen. Darüber hinaus bieten wir Bücher, Websites, Finanzsoftware und empfohlene Tipps für die Suche nach vertrauenswürdigen Finanzberatern.

FÖRDERUNG FÜR DEN KONTINUIERLICHEN ERFOLG VON INVESTITIONEN

Investieren ist eine Reise, die Geduld, Disziplin und kontinuierliches Lernen erfordert. Denken Sie bei Ihrem weiteren Vorgehen daran, dass Erfolg nicht über Nacht entsteht. Konzentrieren Sie sich auf Ihre langfristigen

Ziele, pflegen Sie ein diversifiziertes Portfolio und passen Sie sich an veränderte Marktbedingungen an.

Behalten Sie auch bei Marktvolatilität oder Rückschlägen eine positive Einstellung und bleiben Sie Ihrer Anlagestrategie treu. Der Schlüssel zum Erfolg sind Ausdauer, Disziplin und Bereitschaft, Erfahrungen zu sammeln. Denken Sie daran, dass jeder erfolgreiche Investor schon einmal mit Herausforderungen konfrontiert war, diese aber als Chance für Wachstum und Verbesserung nutzt.

ZUSÄTZLICHE RESSOURCEN FÜR KONTINUIERLICHES LERNEN

Anlagewissen ist eine kontinuierliche Reise und es gibt immer neue Erkenntnisse zu gewinnen. **Hier finden Sie weitere Ressourcen und Plattformen, auf denen Sie Ihr Anlagewissen weiter ausbauen können:**

Investment Blogs und Newsletter: Abonnieren Sie seriöse Anlage Blogs und Newsletter, um regelmäßig Informationen, Markt-Aktualisierungen und Anlageideen zu erhalten.

Anlage Kurse und Webinare: Melden Sie sich für Online-Online Kurse an oder nehmen Sie an Webinaren teil, um Ihr Verständnis für bestimmte Anlagethemen zu vertiefen.

Finanz Podcasts: Hören Sie sich Finanz-Podcasts an, die ein breites Spektrum an Anlagethemen abdecken, vom Anfänger bis zum Fortgeschrittenen.

Soziale Netzwerke und Online-Communities: Beteiligen Sie sich an investitionsbezogenen Social-Media-Konten und Online-Communities, um mit anderen Investoren zu interagieren und Wissen auszutauschen.

Investment Verbände und -clubs: Treten Sie Investmentverbänden oder -clubs bei, um sich mit anderen Anlegern zu vernetzen und von erfahrenen Fachleuten zu lernen.

Durch die Nutzung dieser zusätzlichen Ressourcen können Sie Ihre Anlage Fähigkeiten weiter verbessern, über Markttrends auf dem Laufenden bleiben und eine solide Grundlage für anhaltenden Anlageerfolg schaffen. Denken Sie daran, dass erfolgreiches Investieren eine

Reise und kein Ziel ist, also nehmen Sie den Prozess an und genießen Sie die Lernerfahrung.

WICHTIGSTE LEKTIONEN

☐ Um erfolgreich zu investieren, sind Wissen, Disziplin und eine langfristige Perspektive erforderlich.

☐ Kontinuierliches Lernen und die Anpassung an Marktveränderungen sind der Schlüssel zum Wachstum.

☐ Dieses Buch bietet eine Grundlage, aber zusätzliches Studium und professioneller Rat sind wertvoll.

Fragen

1. Was sind Schlüsselfaktoren für den langfristigen Anlageerfolg?

2. Wie können Sie als Investor weiter lernen und wachsen?

Antworten

1. Zu den Schlüsselfaktoren für langfristigen Erfolg gehören Diversifizierung, Risikomanagement, regelmäßiges Portfolio, Überprüfungen und diszipliniertes Investieren. Auch die Fokussierung auf langfristige Ziele und die Vermeidung emotionaler Entscheidungen trägt zum Erfolg bei.

2. Lernen Sie weiter, indem Sie Bücher lesen, Finanznachrichten verfolgen und Finanz Seminare oder Workshops besuchen. Sie können sich auch von Finanzberatern individuell beraten lassen und Online-Kurse nutzen, um Ihr Anlagewissen zu vertiefen. Auch die Teilnahme an Investment Communities oder

Diskussionsforen kann Informationen von erfahrenen Anlegern liefern.

ANHÄNGE

GLOSSAR DER ANLAGE BEGRIFFE

Ein Glossar gängiger Anlage Begriffe ist ein wertvolles Nachschlagewerk zum Verständnis der Anzeigesprache. **Hier ist eine vollständige Liste von Begriffen, die Ihnen helfen sollen, sich in der Welt des Investierens zurechtzufinden:**

Vermögensaufteilung: Der Prozess der Aufteilung von Investitionen in verschiedene Anlageklassen wie Aktien, Anleihen und Immobilien, um Risiko und Ertrag auszugleichen.

Bärischer Markt: Eine Marktsituation, die durch sinkende Preise und weit verbreiteten Pessimismus gekennzeichnet ist und typischerweise durch einen Rückgang von 20 % oder mehr gegenüber den jüngsten Höchstständen gekennzeichnet ist.

Hausse: Eine Marktlage, die durch steigende Preise und Optimismus gekennzeichnet ist und normalerweise durch einen Anstieg von 20 % oder mehr gegenüber den jüngsten Tiefständen definiert wird.

Kapitalgewinn: Der realisierte Gewinn, wenn eine Investition für mehr als ihren Kaufpreis verkauft wird.

Kapitalverluste: Der Verlust, der entsteht, wenn eine Investition unter ihrem Kaufpreis verkauft wird.

Diversifikation: Die Strategie, Investitionen in verschiedene Anlageklassen und Branchen zu verteilen, um das Risiko zu reduzieren.

Dividenden: Zahlungen eines Unternehmens an seine Aktionäre, in der Regel als Gewinnausschüttung.
Exchange Traded Funds (ETFs): Investmentfonds, die wie einzelne Aktien an Börsen gehandelt werden und durch die Nachbildung eines bestimmten Index oder Sektors für Diversifizierung sorgen.

Dach: Der Einsatz von Finanzinstrumenten oder -strategien zum Ausgleich potenzieller Verluste einer Anlage oder eines Portfolios.

Indexfonds: Eine Art Investmentfonds oder ETF, der die Wertentwicklung eines bestimmten Marktindex wie des S&P 500 nachbilden soll.

Liquidität: Die Leichtigkeit, mit der ein Vermögenswert in Bargeld umgewandelt werden kann, ohne dass sich dies auf seinen Marktpreis auswirkt.

Investmentfonds: Ein Investmentfonds, der Gelder mehrerer Anleger bündelt, um in ein diversifiziertes Portfolio aus Aktien, Anleihen oder anderen Wertpapieren zu investieren, das von einem professionellen Fondsmanager verwaltet wird.

Aktentasche: Eine Reihe von Investitionen, die von einer Einzelperson oder Institution gehalten werden.

Gewichtung: Der Prozess der Anpassung der Vermögensallokation eines Portfolios, um das gewünschte Risiko-Ertrags-Gleichgewicht aufrechtzuerhalten.

Risikotoleranz: Das Risikoniveau, das ein Anleger bereit ist, auf der Suche nach Anlagerenditen einzugehen.

Leerverkauf: Die Praxis, geliehene Wertpapiere mit der Absicht zu verkaufen, sie zu einem niedrigeren Preis zurückzukaufen.

Technische Analyse: Die Verwendung von Diagrammen und technischen Indikatoren zur Analyse von Preistrends und zur Vorhersage zukünftiger Marktbewegungen.

INVESTITIONSPLANUNG BLÄTTER

Arbeitsblätter zur Investitionsplanung helfen Ihnen, Ihre Anlageziele zu organisieren, Fortschritte zu verfolgen und Ihre Anlagestrategie zu planen. Nachfolgend finden Sie Beispiele für Arbeitsblätter, mit denen Sie Ihre Investitionen planen und verfolgen können:

Blatt zur Festlegung von Anlagezielen

- ☐ Hören Sie Ihre kurz- und langfristigen finanziellen Ziele auf.
- ☐ Definieren Sie für jedes Ziel den gewünschten Zeitrahmen.
- ☐ Bestimmen Sie den Betrag, der zum Erreichen jedes Ziels erforderlich ist.
- ☐ Bewerten Sie Ihre Risikotoleranz für jedes Ziel.

VERMÖGENSVERTEILUNGSBLATT

- ☐ Identifizieren Sie die Anlageklassen in Ihrem Portfolio (z. B. Aktien, Anleihen, Immobilien).
- ☐ Definieren Sie die gewünschten Prozentsätze für die Vermögensaufteilung.
- ☐ Verfolgen Sie Ihre aktuelle Vermögensallokation, um Unstimmigkeiten zu erkennen.

Arbeitsblatt zur Portfolio Überprüfung und Neuausrichtung

- ☐ Planen Sie regelmäßige Portfolio-Überprüfungen (z. B. vierteljährlich, jährlich).
- ☐ Lesen Sie die Schritte zur Neuausrichtung Ihres Portfolios auf.
- ☐ Verfolgen Sie Änderungen der Vermögensallokation und Neuausrichtung Aktivitäten.

ARBEITSBLATT ZUR ÜBERWACHUNG DER INVESTITIONS PERFORMANCE:

- ☐ Verfolgen Sie die Performance einzelner Anlagen und Ihres Gesamtportfolios.

- Erfassen Sie Kapitalgewinne, Dividenden und andere Kapitalerträge.
- Vergleichen Sie die Performance Ihres Portfolios mit relevanten Benchmarks.

BEISPIELE VON INVESTITIONS PORTFOLIOS

- Muster-Anlageportfolios dienen als Modelle für unterschiedliche Risikoprofile und Anlageziele. Nachfolgend finden Sie einige Beispiele für Portfolios mit unterschiedlichen Risikotoleranzen:

KONSERVATIVES PORTFOLIO

- Konzentrieren Sie sich auf Stabilität und Kapitalerhalt.
- Vermögensaufteilung: 60 % Anleihen, 30 % Aktien, 10 % Bargeld.
- Investieren Sie in hochwertige Staats- und Unternehmensanleihen.
- Beziehen Sie Aktien ein, die Dividenden für Erträge zahlen.
- Halten Sie einen Teil des Portfolios aus Liquiditätsgründen in Bargeld oder Zahlungsmitteläquivalenten.

AUSGEWOGENES PORTFOLIO

- ☐ Streben Sie ein Gleichgewicht zwischen Wachstum und Stabilität an.
- ☐ Vermögensaufteilung: 50 % Aktien, 40 % Anleihen, 10 % Immobilien oder andere Alternativen.
- ☐ Diversifizieren Sie in verschiedene Branchen und geografische Regionen.
- ☐ Nutzen Sie Indexfonds und ETFs für eine breite Diversifizierung.

WACHSTUMSORIENTIERTES PORTFOLIO

- ☐ Konzentrieren Sie sich auf Kapitalzuwachs und höhere Renditen.
- ☐ Vermögensaufteilung: 70 % Aktien, 20 % Anleihen, 10 % Immobilien oder andere Alternativen.
- ☐ Investieren Sie in Wachstumsaktien und Schwellenländer, um höhere potenzielle Renditen zu erzielen.
- ☐ Nutzen Sie ETFs, um über mehrere Sektoren zu diversifizieren.
- ☐ Fügen Sie einen kleinen Teil der Boni für Stabilität und Einkommen hinzu.

Diese Beispiel Portfolios können an Ihre individuelle Risikotoleranz, Ihre finanziellen Ziele und Ihren Anlagehorizont angepasst werden. Nutzen Sie sie als Vorlagen, um ein Portfolio zu erstellen, das Ihren Zielen entspricht und Ihnen hilft, Ihre finanziellen Ziele zu erreichen.

Ich würde gerne wissen, was Sie über mein Buch denken. Ihr Feedback ist nicht nur wertvoll, sondern auch wichtig für meine Weiterentwicklung als Autor. Mit Ihrer Rezension geben Sie mir nicht nur eine Orientierung, sondern helfen auch anderen bei der Entscheidung, ob dieses Buch das Richtige für sie ist. Ihre Worte könnten der Auslöser für die nächste Lieblingslektüre einer Person sein. Vielen Dank, dass Sie Teil meiner Schreibreise sind. Ich warte gespannt auf Ihre Gedanken.

www.ingramcontent.com/pod-product-compliance
Lightning Source LLC
Chambersburg PA
CBHW062355220526
45472CB00008B/1818